Privacy In The Modern Age
The Search for Solutions

无处安放的
互联网隐私

[美] 马克·罗滕伯格（Marc Rotenberg）/ 茱莉亚·霍维兹（Julia Horwitz）/ 杰拉米·斯科特（Jeramie Scott）主编

苗淼 译

中国人民大学出版社
· 北京 ·

人用手创造了什么，就该用头脑控制什么

　　技术对隐私的影响是当下讨论最广泛的问题之一。自爱德华·斯诺登[①]（Edward Snowden）决定披露美国国家安全局（National Security Agency, NSA）的监控能力以来，相关新闻报道便此起彼伏。美国国家安全局收集了每位美国人的电话通话记录，以及外国领导人的私人通信记录和境外民众的互联网浏览记录。美国国家安全局每年仅在保持其巨型超级计算机冷却的空调系统上就需要花费上百万美元的经费预算，其非凡的数据收集能力可见一斑。

　　屡上头条的不仅仅有间谍机构。在一个数据安全漏洞中，美国塔吉特公司（Target）就丢失了 4 000 万条美国居民的信用卡消费记录。家得宝[②]（Home Depot）丢失的记录数量更大，多达 5 600 万条。广告软件可以跟踪用户的网络行为；详细的医疗记录被公然叫卖；学生要接受不计其数的测试，而测试

[①]　爱德华·斯诺登是一名前美国中央情报局（CIA）雇员，也曾担任美国国家安全局的美籍技术承包人。2013 年 6 月，爱德华·斯诺登向媒体公开了美国国家安全局关于棱镜（PRISM）监听项目的秘密文档。——译者注

[②]　家得宝公司是美国第二大零售商，连锁商店遍布美国各地。——译者注

数据则要经历无休止的审查；入境美国的游客都要留下指纹；校园里出现了小机器人巡逻。未来，我们在其他方面的数据泄露也不容小觑，这其中涉及了生物识别，可以从人群中大规模识别目标的监控系统，以及能把追踪的触角从网上延伸以现实世界，将人们在家中的举动也记录在案的公司。

当面对这些故事时，人们很容易产生"隐私已死，何必执着"之类的想法。比如，经常会有人认为："对隐私的任何期待都是不合理的。""你还想怎样？是你自己发布到网上的。""嘿，这是免费的。你要是不喜欢，那就别用。"

作为本书的编著者，我们则采取了不同的策略。我们并没有理会这些宿命论，并提出了解决方案，而不是简单地描述问题；我们认真对待托马斯·爱迪生的名言："人用手创造了什么，就应该用头脑控制什么。"这是一种对待隐私争论的新方法，它认为隐私是值得保护的，而且应该研究出台有意义的应对政策。

我们通过追踪创建电子隐私信息中心（Electronic Privacy Information Center，EPIC）也开始收集相关文章。电子隐私信息中心的主旨任务在于引起公众对新兴的隐私和公民自由问题的关注。在刚开始的 20 年里，我们取得了成功，也经历了一些挫折。最近，电子隐私信息中心将迎来其周年纪念日，这为我们提供了一个机会，让我们得以评估已完成的工作和未来的改善空间。

史蒂文·阿福特古德（Steven Aftergood）是政务公开的倡导者，他在文章中讲述了关于隐私的经典悖论，即隐私在确保可问责中的关键作用。阿福特古德指出："透明度本身并不能命令或推断特定的隐私或国家安全讨论应该达成什么结果。但公开政府行动的基本事实，才能使隐私讨论成为可能。"公开是对隐私的更大保护。

欧洲的计算机科学家罗斯·安德森（Ross Anderson）也对美国的隐私讨

论保持关注，他提出了一个问题，即当以后回顾21世纪早期的技术型大国时，美国会给后人留下什么遗产。这不只是遗产的问题。

"现在的美国如何对待别国人民，不仅将为我们这一代人奠定基调，而且还将塑造未来世界的运转方式及未来几代人被对待的方式——美国的霸主地位已经超越了曾经的英国、西班牙和罗马帝国统治世界的方式。"他说道。

克莉丝汀·L. 伯格曼（Christine L. Borgman）及其合著者是信息政策领域和教育机构的专家，她们阐述了在美国最大的大学体系中推广隐私框架所遇到的实际挑战。她们解释道："今天的研究型大学在隐私领域面临着过多相互竞争的挑战。"其结果是隐私原则、制度结构、正式责任和公共问责都产生了显著融合。

雷恩·卡罗（Ryan Calo）是机器人领域的顶级研究人员，他认为现在已经到了出台相关法律并设立机器人监管机构的时候了。正如他所写的那样："社会应该马上直面这个问题，因为我们已经站在及膝深的水里，而且水面只会不断上升。"

达尼埃尔·席特伦（Danielle Citron）是一位研究性别问题的法学教授。她在讨论人们越来越担心的"色情复仇"时结合了一些隐私文化因素。她的建议很明确："法律需要再次修正，以打击网络技术对性隐私的破坏性侵犯所起到的推动作用。"

隐私活动领导人物西蒙·戴维斯（Simon Davies）关注的重点在于欧洲最近出现的进展。在欧洲，大规模人群呼吁修订隐私法律并限制数据流向美国，呼声已经超过了对斯诺登泄露事件的关注。戴维斯认为，即使是四分五裂的欧洲也有可能在这方面团结起来。

A. 迈克尔·福鲁克（A. Michael Froomkin）是网络法的先驱之一，他对身份管理的具体政策细节进行了思考。目前，我们所面临的核心挑战是如何仅允许个人向他人透露技术环境所需的内容，而在技术环境中，几乎所有内容都是默认转移的。这一问题的解决方案很微妙但影响深远。"最有力的解决方法是支付采用匿名数字现金，这种方法或将保证我们实现真正无法追踪的匿名状态。"

黛博拉·赫尔利（Deborah Hurley）是一名作家、讲师，同时还是一名政策顾问。她回顾了与隐私相关的现代人权文本的发展，也注意到了自 1948 年《世界人权宣言》颁布以来，美国在其中所发挥的领导作用。但她也发现，美国在最近几年已经失去了曾经的势头，她敦促美国在保护个人数据和隐私方面尽快出台全面的联邦法案。

克里斯蒂娜·伊里翁（Kristina Irion）站在欧洲的角度谈论了对欧洲和美国大规模监控的防护措施和问责制度，以及这些对大西洋两岸关系产生了怎样的影响。伊里翁指出："国家之间存在不对称性，而这些不对称性正是大西洋两岸在大规模监控上产生矛盾的核心。"

杰夫·乔纳斯（Jeff Jonas）是一位隐私防护分析软件系统设计师，他告诉我们这样一个简单的事实："监控社会是必然的，是不可逆转的，同时也是不可抗拒的。"所以，我们需要做什么？乔纳斯提出了几种技术：问责转移、属性数据匿名化、数据有效期限和日志分析，这些将有助于降低隐私风险。

哈里·刘易斯（Harry Lewis）是一位教育家、计算机科学家，同时也是大学行政管理人员，他对匿名言论进行了讨论，但同时也提醒道："公民生活的责任之一就是在能够说话时发出自己的声音，且只有在匿名性可以理解的情况下才认真对待匿名言论。"

安娜·雷相斯卡娅（Anna Lysyanskaya）也是一位技术专家，她讨论了密码使用的问题。在理论上，机会是不受限制的。雷相斯卡娅用直接术语进行了解释，她认为密码使用给我们提供了一个"两全其美的工具：既能追究不法分子的责任，又能使其他所有人的隐私得到保护"。

加里·T. 马克思（Gary T. Marx）是技术和隐私领域的先驱人物，他再次对塑造当代话语的各种技术错误提出了挑战。他得出了明智的结论："应该对监视和极度缺乏隐私的技术进行批判性分析……虽然这很难保证社会的公正性和可被问责，但对所有人来说确实是必要条件。"

阿丽西亚·M. 麦克唐纳（Aleecia M. McDonald）是一位研究员和政策分析家，她对当前的多项隐私保护技术进行了仔细审视，包括匿名搜索引擎DuckDuckGo、全球著名加密软件PGP和匿名网络工具Tor。她指出自从斯诺登泄密事件之后，人们对隐私保护技术的兴趣水涨船高。

帕布罗·G. 莫丽娜博士（Dr. Pablo G. Molina）是一位教育管理者和伦理学家，他对学术机构所面临的挑战进行了正面审视："这些数据泄露和机构滥用有三个主要因素：大学管理人员、教育企业家和黑客。"同时，他也提出了同样直接的解决方案："为了确保教育信息的隐私，我们必须对这三个主要因素的行为进行干预。我们需要更好的法律、更强的技术和更广的宣传。"

彼得·G. 诺伊曼（Peter G. Neumann）是一名安全研究人员，他将当前的网络安全状态描述为"糟糕透顶"。系统中的漏洞比比皆是。这些漏洞在本质上是不可靠的，完全无法抵御偶然事件或攻击。诺伊曼建议进行"整体研究，包括大幅度技术提升和程序改进投入，比缓和性最佳实践、立法……执法和常识要占更大的比重。像往常一样，"他写道，"不存在简单的答案。"

海伦·尼森鲍姆（Helen Nissenbaum）是一位计算机科学家兼媒体、文化和传播学教授，她认为隐私与"语境完整性"有关，这一观点重塑了现代的隐私讨论。奥巴马总统支持这一观点，并于2012年发布了《消费者隐私权法案》（*the Consumer Privacy Bill of Rights*）。在文章中，尼森鲍姆重申了她的观点，并阐明了这一观点的目标，还积极支持个人利益高于技术设计的解释。

弗兰克·帕斯夸莱（Frank Pasquale）是一位研究企业文化的法学教授，他指出了一个更为深入的问题，即学术研究与商业研究之间的相互影响。通过对 Facebook 的情感操纵研究，帕斯夸莱警告说："企业的操纵'科学'与学术科学的公开性和再现性的伦理相差甚远。"

黛博拉·皮尔（Deborah Peel）是一位医学博士，她是非营利组织——患者隐私权组织（Patient Privacy Rights）的创始人。她指出，随着个人逐渐失去对其病例档案信息的控制，现实紧迫感也在逐渐增加。这是由多个原因造成的：纸质世界到数字世界的转型；复杂支付系统的出现；以及医疗保健提供者和营销公司之间的壁垒的消失等。皮尔认为，当医疗保健行业"对个人健康数据的管理如同银行管理私人账户资金一样可问责和透明"时，解决方案就会应运而生。

网络世界可以储存自由言论吗？互联网名称与数字地址分配机构（Internet Corporation for Assigned Names and Numbers，ICANN）是一家互联网管理机构，非政府组织的倡导者斯蒂芬妮·E. 佩兰（Stephanie E. Perrin）的矛头直指该组织，她提出："拥有匿名注册域名的能力可以使在危险地区行使言论自由权利的人或逃离虐待和迫害的人受益。"

著名版权学者帕梅拉·萨缪尔森（Pamela Samuelson）对版权是否能够拯救隐私进行了探讨。考虑到联邦法院最近的一系列决定，她注意到一个正在兴起的新战略，但也警告说这有可能会对第一修正案的利益产生影响。

布鲁斯·施奈尔（Bruce Schneier）长期以来一直关注于公众对隐私权未来的讨论质量。"我们采取行动的动力是什么？""阻力又是什么？"他警告说："隐私会被恐惧打败，因为恐惧发生在我们的大脑中更原始的部分。隐私也会被便捷打败，因为便捷是真实而直接的，而缺乏隐私产生的危害则是更为抽象和长期的。"但他也仍对理性讨论抱有希望。"我们需要现在考虑这些问题，决定我们希望生活在什么样的社会，而不是不假思索地便让这些变化在我们身上发生。"他说道。

克里斯托弗·沃尔夫（Christopher Wolf）是一位隐私领域的顶级律师，他的文章对各种隐私工具即便是在大数据时代仍然可以帮助我们保护隐私持积极态度。沃尔夫的结论是："前景是美好的，随着现代社会的隐私保护得到的关注越来越多，相关的有志人士会提出需要的解决方案。"

最后一章，我们将专门谈论《马德里隐私声明》（*Madrid Privacy Declaration*），这是对隐私权、新出现的挑战和可能的解决方案的基础文件。此声明于 2009 年发布，并警告"隐私法和隐私管理机构未能充分考虑新出现的监测行为"。专家和批准此声明的非政府组织提出了著名的国际框架和新战略，以保护基本的隐私权利。

总的来说，这些文章和声明描述了一系列的新挑战，也许还包括即将到来的灾难。如果过去几年，新闻媒体报道的内容一直是斯诺登先生和塔吉特公司的数据监控和泄露事件，那毫无疑问，书中的许多作者提出的问题将是我们在未来几年都会读到的内容。仅凭这一原因，这些文章就值得一读。

美国最高法院大法官路易斯·布兰代斯（Louis Brandeis）曾将隐私权描述为"最全面的权利，也是自由人最看重的权利"。如果我们继续重视隐私权，那我们就必须克服困难找出解决方法来。在这方面，本书的作者们作出了双重贡献：既对新问题进行了探讨，又提出了可能的答案。

本书的作者们还有一个共同特点：他们都与电子隐私信息中心有关联。他们与其他咨询委员会成员和电子隐私信息中心的工作人员共同为追求在现代社会保护隐私这一共同目标而不懈地努力着。

麦克阿瑟基金会（MacArthur Foundation）为本书的出版及相关的公共政策工作提供了大力支持，还有许多其他基金会和个人的帮助，使电子隐私信息中心的工作在过去 20 年里得以顺利开展，我们在此深表感谢。在出版这本书的同时，我们也开始谋划未来 20 年里的工作计划。现代的隐私必然需要寻找解决方案。

马克·罗滕伯格
美国电子隐私信息中心主任

PRIVACY IN THE
MODERN AGE
目 录

01

PRIVACY IN THE
MODERN AGE
电子隐私信息中心的前 20 年

马克·罗滕伯格

　　20 多年前，美国国家安全局出台了一项技术标准，使得对美国境内的所有通信进行常规监控成为可能。美国国家安全局推出了一项"密码芯片"（Clipper Chip）计划，顾名思义，这项计划试图破坏强大加密功能的本质特征——确保安全性和保密性。正当互联网日益成为世界上大多数地区的通信平台时，这一密钥托管标准在白宫的支持下逐渐兴起，并在美国的盟国中推广应用。

　　当时，若干名致力于保护公民自由的律师们正在位于华盛顿特区的计算机社会责任专家联盟（Computer Professionals for Social Responsibility，CPSR）工作。我们与技术专家、学者和创新者们紧密合作，要求政府公开逐渐严密的监控行为。我们在国会力证需要出台保护隐私的法律手段，研究提出与互联网相关的政策框架，并与华盛顿特区的其他组织建立了合作关系。我们当时的财产仅是一份邮寄清单（后来又衍生为网站）、一台 Mac SE 苹果电脑和一个 9 600 波特的调制解调器。

　　"密码芯片"计划推动了我们的组织活动。在多位顾问的协助下，我们编制了保护互联网的技术标准。其他专家则努力研发新的隐私保护方法，例如基于基本协议安全的"匿名身份认证"技术。还有人从哲学层面强烈拥护免受政府干涉的创新自由，有的人则特别担心开发大规模监控技术会创造出奥威尔式①的未来。当然，也存在反对意见。确实有人担忧，在某些情况下，隐私保护新技术会被人利用并给人们带来巨大危害。顶级专家在互联网的未来和隐私保护上尚未达成共识。于是在这样的背景下，电子隐私信息中心成立了。

　　最了解美国国家安全局监控计划影响的人则表示了强烈反对，在得知这一情况之后，我们立即在互联网上发起了一场全美范围的运动来叫停这一计划。在过去的几个月里，我们起草了请愿书，并在国会和有组织的会议上公开作证。我们组织了第一次互联网请愿。一封由法律、技术和人权领域的 42 位专家联名签署的请愿书得到了超过 5 万名互联网用户的支持，这在当时是个不小的数字。1994 年春季，白宫宣布放弃该计划。我们赢得了暂时的胜利。

　　在"密码芯片"计划之后，我们迅速成立了电子隐私信息中心这一新型组织。我们的使命很明确——让公众关注新兴的隐私和公民自由问题，保护隐私并捍卫美国宪法第一修正案及宪法价值。我们既融合了技术和法律专家的智慧，也会以新方法进行倡议。尽管担心隐私风险，我们还是会利用互联网这一新兴通信平台。我们的目的不是拒绝科技，而是利用科技、塑造科技，使其尊重基本人权。我们的工作价值将根据取得的成效来衡量。

　　电子隐私信息中心起初是美国宪法政府基金（The Fund for Constitutional

---

① 乔治•奥威尔（George Orwell，1903 — 1950 年），英国左翼作家、新闻记者和社会评论家。其传世作品《动物庄园》和《一九八四》以敏锐的目光观察和批判了极权主义，以辛辣的笔触讽刺了泯灭人性的极权主义社会和追逐权力的人；而小说中对极权主义政权的预言在之后的 50 年中也不断地被历史所印证。由他的名字衍生出的"奥威尔主义""奥威尔式的"等词汇被广泛使用，代指极权主义。
——译者注

Government，FCG）的项目之一，该基金成立于1974年，目的是吸引公众对政府滥用权柄的注意。这种组合对我们很有利。在后水门时代，国会通过了隐私法案，强化了信息自由法案，并召开了丘吉委员会^①（The Church Committee）听证会。后来，电子隐私信息中心重新组建，成为独立的公益性集团。多年来，美国宪法政府基金始终和我们站在同一战线上，一如既往地支持我们的工作。

我们在最开始就认为隐私是无党派的，是全体人民都会支持的价值，没有划分政治界限的理由。在"密码芯片"计划的问题上，我们认为专家的党派归属既不重要，也不会影响以后的发展进程。无党派总统前候选人约翰·安德森（John Anderson）是一位很有名望的宪法捍卫者，也是我们的第一任主席，多年来他对电子隐私信息中心的工作给予了大力支持。

电子隐私信息中心启动伊始，我们便明确表达了与一流技术专家和法律学者紧密合作的愿景。我们认为，这种结合对新兴隐私问题的理解至关重要，也相信最终成果的重要性。专家经常集思广益，共同发布报告或提出建议。对密码芯片计划而言，我们的最终目的仅仅是将其终止，而不是对其进行研究。而我们的策略至少在当时是成功的。

为了理解公众眼中的隐私，评估发展趋势并确定工作的优先次序，我们也对民调数据进行了密切关注。卢·哈里斯（Lou Harris）组织曾进行过一次民意调查，结果显示，80%的美国人担心其隐私受到威胁，之后不久，电子隐私信息中心便成立了，这也印证了该调查结果的重要性。超过三分之二的人相信他们已经无法掌控自己的全部私人信息。然而，值得指出的是，70%的美国人认为，与"生命、自由和追求幸福"相比，隐私是一项基本权利。

---

① 1975年，美国政府为调查情报机构的非法情报活动专门成立了丘吉委员会。——译者注

很明显，大部分美国人希望法律能提供新的隐私保护。

在接下来的 20 年里，电子隐私信息中心的项目和活动迅速发展。我们启动了信息自由诉讼法案项目，这一项目广受好评。我们撰写了关于新兴隐私和公民自由事务的非当事人意见陈述。我们召开了大型会议，并组织政府机关领导人、技术专家、倡导者和学者参加，并多次在美国国会作证，后来又在欧盟议会上作证。我们与其他组织紧密合作，并在制定隐私、加密、计算机安全、政务公开和互联网未来的关键政策框架上提供帮助。

但是，最开始塑造电子隐私信息中心的还是"密码芯片"计划。

下文将对电子隐私信息中心项目前 20 年所开展活动的多个关键领域进行简要总结。

隐私建设

已有很多文献尝试对隐私权进行定义，这些文献将其与其他竞争的权利相互权衡，或者试图界定什么事务是非隐私的。我们在最开始就已经决定不走这些老路。电子隐私信息中心成立时，现代隐私权（即数字时代的隐私表述）就已经相对明确了。这只是与个人信息收集相关的权利和责任，通常被称为"公平信息处理条例"（Fair Information Practices，FLP）①。这是威利斯·维尔（Willis Ware）及其为联邦政府服务的委员会在 1973 年确立的观点，该观点在

---

① 公平信息处理条例是一套标准的总括，这套标准管理收集和使用私人资料以及解决秘密性和正确性的问题。不同的机构和国家对它们所关心的方面都有它们各自的条款，如英国为"数据保护"（Data Protection）条款；欧盟为"个人资料保护"（Personal Data Privacy）；经合组织（OECD）制定了《隐私保护与个人资料跨境流通指导原则》（*Guidelines on the Protection of Privacy and Transborder Flows of Personal Data*）。——译者注

1974 年的《美国隐私权法案》（*U. S. Privacy Act of 1974*）及之后美国、欧洲和世界其他地区的法律中都有所体现。我们已经用了 20 多年的时间来推广这一观点。

《公平信息处理条例》（*Fair Information Practices*）为数字时代的隐私权提供了主要概念框架。可以根据对《公平信息处理条例》的遵守程度，对各项政策进行评价；高度遵守公平信息处理条例，意味着该政策承诺保护个人权利。尽管有些政策试图削弱其本质框架，但这些政策往往含有附加"原则"或将整套权利责任替换为"通知和选择"。依旧值得注意的是，电子隐私信息中心成立 20 年来，《公平信息处理条例》在美国很多关于隐私的政策中均有反映，在白宫近期关于大数据和隐私未来的报告中也有所体现（同样值得提到的是总统科技顾问的结论，他认为"通知和选择"的解释并不能保护隐私，这恰恰是电子隐私信息中心已经赞成十多年的观点）。

匿名权是"隐私是基本人权"这一概念的延伸。匿名权是对公开个人真实身份的控制权，是隐私的基石。在 20 世纪 90 年代及之前，电子隐私信息中心紧密关注了美国最高法院所面对的身份鉴别要求的挑战，并对法院通常支持匿名的要求感到十分满意，而这一要求也深植于美国宪法第一修正案和联邦文件的传统之中。那些持不同政见的人和可能被认为是叛国的人需要隐私来保护自己的言论自由。我们参与了法律和技术活动，以保护真实身份的披露。

在现代通信网络的设计中，真实身份通常是被公开的。我们早期的工作便与来电显示有关，这是身份公开的第一个案例，它为我们理解这些问题提供了极大的帮助。我们认识到，在两人联系的背后通常有一个服务提供者，可以对公开和保密这一对相互矛盾的诉求加以利用。我们认为，个人必须保留控制其真实身份被公开的能力，这一权利不论是在商业领域还是在宪法领域的管理中都是类似的。我们早期在个人身份上所做的大量工作，要早于社交网络服务的兴起和被放大的个人信息披露的要求。

结合《公平信息处理条例》和匿名权的具体要求,电子隐私信息中心建议开发新型隐私强化技术,最终"将收集个人可识别信息最少化或者取消"。其目的在于鼓励创新的解决方案,在落实通信技术措施的同时,避免了《公平信息处理条例》的责任所带来的负担。大卫·乔姆(David Chaum)、怀特菲尔德·迪菲(Whitfield Diffie)、彼得·诺伊曼和罗纳德·李维斯特(Ron Rivest)等多位电子隐私信息中心顾问委员会成员,帮助我们理解了技术在使新服务成为可能的同时,在提供高水平隐私保护中所发挥的作用。

捍卫政务公开

自电子隐私信息中心成立以来,在《联邦信息自由法案》(the Federal Freedom of Information Act)框架下的诉讼一直是我们的重要项目活动之一。我们参与了多次信息自由申诉案,要求公开对隐私和公众自由构成威胁的政府项目。这些年来,电子隐私信息中心参与的数十次案件已被全美多家媒体报道,其中包括:最初的"密码芯片"计划(内部机构备忘录认为该计划会削弱网络安全);美国国土安全局对社交媒体服务的监控(这迫使国会举行了听证会)和联邦调查局的新一代识别系统(电子隐私信息中心发现联邦调查局允许存在 15% 的错误率)。

我们的信息自由申诉工作也得到了白宫的紧密关注。有多个组织的信息自由申诉请求需要接受"政治审查",很显然,电子隐私信息中心便是其中之一。这意味着我们的信息自由申诉工作具有重要意义,因此我们在提出申诉时以及相关文件按要求公开之前,白宫都会得到呈报。这一做法可能是非法的,但我们对其关注表示感谢。

　　20年来，电子隐私信息中心从几个维度扩大了我们的信息自由申诉实践。我们不断提出信息自由申诉请求，申请公开政府监控计划。我们定期在网站上公布已获得的文件，并每年展出在《信息自由法案》下所获得的重要文件。现在，我们也对国家机关的信息自由申诉实践进行评论，以确保法案的目标得到全面贯彻。我们在国会作证，支持加强政府公开的建议。我们还和其他政务公开机构一起编纂了多份非当事人意见陈述，以支持政务公开诉求。最近，我们也协助美国公民自由协会（American Civil Liberties Union）和《纽约时报》（New York Times）努力获得使用无人机的司法备忘录文件。

　　在过去的几年中，我们和乔治城大学法律中心联合开办了一门培训下一代信息自由申诉律师的新课程。该课程结合了正式教学和信息自由申诉请求的实际机制引导。该课程来源于我们的夏季实习计划和致力于帮助年轻律师了解政务公开的长期承诺。

　　另外，我们还致力于使公开政务事务在保护隐私和满足透明度需求的关系上作出更大贡献。简单来说，在现代民主国家中，隐私和透明度是一对相互补充的目标，它们既可以加强个人权利，也可以帮助问责政府。这也是美国国会的观点，美国国会通过了1974年的《美国隐私权法案》，并在同年修正了《信息自由法案》。这一观点还要归功于曾任最高法院大法官的路易斯·布兰代斯。布兰代斯大法官在隐私领域享有盛誉，原因在于他撰写的关于隐私权的著名文章和对奥姆斯戴德诉合众国案（Olmstead case）①的判决持有异议。他在第一修正案的发展史上也具有重要意义，因为他帮助强化了现代美国宪法第一修正案的强劲信念，并提出了名言"阳光是最好的消毒剂"。世界

---

① 1928年的奥姆斯戴德诉合众国案件是关于电子监控的合宪性问题的第一个重要案件。奥姆斯戴德涉嫌非法制售私酒，警方通过安装窃听电话获取了相关的证据。联邦最高法院在该案中指出，除非侵犯了宪法所保护的领域，否则，电话窃听并不违反宪法第四修正案。——译者注

各地致力于隐私和透明度的机构已经达成一起捍卫这两种合法权利的共识。

我们可以合理想象，隐私组织将会捍卫透明度。

电子隐私信息中心法庭之友 [①]

布兰代斯大法官以其创立的非当事人意见陈述风格而在上诉律师中大名鼎鼎。非当事人意见陈述是为协助法庭而对案情所提出的意见书，除了法律论据之外，也重视科学证据。在电子隐私信息中心进行反对"密码芯片"计划的活动中，我们与最高法院律师保罗·沃尔夫森（Paul Wolfson）进行了合作，合作案件涉及身份被盗的苗头问题和社保号码的广泛传播可能引发的问题。他鼓励我们向联邦上诉法院提交非当事人意见陈述，以此解释社保号码所面临的风险。我们的陈述对此案的圆满结果起到了推动作用。

从那以后，我们便开始寻找能够参与重大案件并在其中扮演法庭之友的机会。作为一个小型组织，我们知道电子隐私信息中心每年仅能提供少量的非当事人意见陈述。我们在查阅待判决的诉讼事件表、以寻找重大法庭之友机会上花费的时间，几乎和在起草非当事人意见陈述上所花费的时间一样多。在选择参与某个案件时，我们需要确认我们是为了正确的理由追查正确的案件。一旦发现了这样的案例，我们将尽一切可能取得成功的结果。我们尽可能多地查阅所能得到的技术文献。我们会参考政府报告以及国家科学院和其他机构的专家组建议。专家顾问还会对我们的论点进行修改、纠正和重新组织。

---

① "法庭之友"制度作为特殊的司法诉讼习惯，在英美法系国家的诉讼制度中早已存在，但是大多数大陆法系国家没有这样一种制度。不过，近年来，在各种国际、区域司法机构乃至一些贸易协定中，"法庭之友"的应用日益广泛。——译者注

20 年后，电子隐私信息中心已经向美国联邦和国家法庭提交了 50 多份非当事人意见陈述，其中大约一半被提交给美国最高法院。从 DNA 采集、电话号码查找到隐私法规解释和信息隐私权利等，案件覆盖了当今最亟待解决的隐私和公民自由问题。我们的陈述经常被法庭意见引用，也常被用于口头辩论或陪审团论证。

我们一直在努力寻找新出现的隐私和公民自由问题，并在涉及相关案例时，将这些问题在法庭上陈述，这是和我们的使命相契合的。电子隐私信息中心的顾问委员会是技术和法律专家的独特结合，并将布兰代斯案件陈词①的最好传统发扬光大。

联邦贸易委员会的作用

我们认为，如何加强美国的隐私保护是电子隐私信息中心成立之后遇到的第一批挑战之一。1974 年的《美国隐私权法案》是美国的主要隐私法，该法为公众领域的隐私保护规定了总揽式的方法，但并没有解决如何管理私营部门收集和使用私人信息的问题。在 20 世纪 90 年代初，美国出台了形形色色的补充法律，但并不连贯，也不能解决问题。得到保护的个人信息只是一部分，并非全部。不同行业的法律标准各不相同。在个人信息有权获得法律保护这一问题上并不存在底线预期。

与此同时，欧洲各国的一体化正在逐渐推进，协调国家数据保护法律的

---

① 20 世纪初，在美国发展出了由当时是律师后来成为联邦最高法院法官的布兰代斯在最高法院代理案件时所做的"布兰代斯案件陈词"（Brandeis Brief），这种陈词的最大特点是结合了社会科学的研究成果来论述法律问题，后来这种陈词实际上已经被美国法律实务界完全接受。——译者注

需求对欧洲一体化进程极为重要。建立数据保护法令有利于帮助数据自由流通，这在美国并没有得到广泛接受，但是在欧洲已被普遍理解了。如果没有足够的法律和技术保护，数据传输的安全根本无从谈起（20 年后的今天，美国似乎正在学习欧洲的先见之明）。

20 世纪 90 年代末，美国国会曾经审议过立法提案，但直到 2001 年的"9·11"事件之后，美国对商业活动采用普通的隐私保护法律才似乎成为可能。与此同时，对隐私的新威胁却不断涌现。邮寄营销行业在未征得美国消费者知情或同意的情况下将其详细个人信息出售，其中包括儿童。这种行为没有受到法律限制，也没有机构因为隐私保护被控告。国会可以举行监督听证会，并引起公众对这一问题的关注，但是如果没有适当的法律，则执行机制也就无从谈起。

电子隐私信息中心将注意力转向了联邦贸易委员会（Federal Trade Commission，FTC）。我们希望转变联邦贸易委员会的权力，督促其调查并制止不公平和欺诈性的贸易行为，以保护消费者隐私。但是联邦贸易委员会历史上从未涉及隐私保护，也不存在任何先例。起初，我们以写信的方式提出问题并申请进行调查。但我们的信件缺乏足以说服律师和相关政府成员的必要法律论据和事实材料。我们也知道该机构的任何行动都是自由决定的。但联邦贸易委员会保护消费者的隐私还是需要明确的依据。

随着时间的推移，电子隐私信息中心为联邦贸易委员会研究了一项新策略：我们将仿照联邦贸易委员会本身的投诉模板，起草详细投诉文本，在其中阐明当事人的身份、我们反对的具体行为、联邦贸易委员会行动的合法权益，以及其应提供的帮助。我们尽可能多地寻找事实依据和权威信息，并在投诉中一一列举。通常情况下，我们也会在给联邦贸易委员会的投诉中原话引用专家意见或从消费者角度表达关切，如同博文或者用户评论使用的语气。

1995 年，我们第一次写信给联邦贸易委员会，提到了保护消费者隐私的需求。自此电子隐私信息中心与消费者和隐私组织合作，为联邦贸易委员会做出的很多保护消费者隐私权益的重要决定，进行了不懈的努力。

其中包括一些早期案例：如 ChoicePoint 公司向从事身份盗窃的犯罪团伙出售高度机密信息（在该案的裁定中，联邦贸易委员会进行了此前额度最高的罚款）和引发了人们对技术和安全社群担忧的微软 Passport 登录服务（微软公司随后开发了一个以用户为中心进行身份认证的有效模型，这是政府行为带来更好的技术解决方案的早期事例）。其他案例还包括了 Facebook（完善了用户的隐私设置）和谷歌公司（让用户自主选择是否使用谷歌公司开发的社交及通信工具 Google Buzz）。

电子隐私信息中心在针对 Snapchat 公司①在一些隐私功能上误导用户，并存在安全隐患的情况，提交了一份详细投诉之后，最近美国联邦贸易委员会针其业务漏洞采取了措施。电子隐私信息中心对 Facebook 收购即时通信工具 WhatsApp 表示担忧，联邦贸易委员会最近分别致信这两家公司，在信中提到了电子隐私信息中心的忧虑，并指出如果 Facebook 修改 WhatsApp 的隐私政策，他们将展开调查。

在某些方面，结果要好于我们的预期。联邦贸易委员会通常会重视电子隐私信息中心的投诉，然后还会找到我们忽视的其他做法。他们提出的补救措施通常会比我们的建议更彻底。一旦签署同意令，联邦贸易委员会将对公司的实践进行长达 20 年的监督。

然而，在其他方面也存在令人失望的结果。虽然联邦贸易委员会公布了

---

① Snapchat 是一款"阅后即焚"照片分享应用。利用该应用程序，用户可以拍照、录制视频、添加文字和图画，并将他们发送到自己在该应用上的好友列表。这些照片及视频被称为"快照（Snaps）"，而该软件的用户自称为"快照族（snubs）"。——译者注

影响深远的解决措施，但其并不愿执行自己的命令。影响用户隐私的商业行为会产生新的巨大变化，但联邦贸易委员会经常保持沉默。正如联邦贸易委员会期望公司支持其对隐私的保护承诺一样，我们也希望联邦贸易委员会能支持自己的法律命令。但事实往往并非如此。

隐私保护的比较方法

关于其他国家的隐私保护的争论越来越多，我们在电子隐私信息中心成立之初已经意识到了这一问题，并考虑到了这些不同的方法可能对美国的做法所产生的影响。大卫·弗莱厄蒂（David Flaherty）最近发表了一项具有里程碑意义的研究，对多个国家的隐私保护进行了比较。《欧盟数据保护法令》（*EU Data Protection Directive*）的出现使得相关法律辩论集中在国家政权的"适当性"这一关键问题上。科林·班尼特（Colin Bennett）等学者提出了一个基本问题，即政策框架的趋势会走向分歧还是会逐渐趋同。

我们与西蒙·戴维斯也有过接触，他在对澳大利亚的国民身份证进行了成功抗议之后，在伦敦成立了非政府组织——国际隐私组织（Privacy International）。在西蒙的带领下，国际隐私组织逐渐成长为全球隐私战线的领军力量，并开始探讨隐私保护的比较方法。

大卫·班尼萨（David Banisar）是电子隐私信息中心的创始人之一，他认为我们有能力进行大量国际隐私调查，这项调查与国际特赦组织（Amnesty International）和人权观察组织（Human Rights Watch）实施的调查类似，途径是摘录美国国务院的年度报告，并从各个国家的国别报告中节选与隐私有关的部分。我们的第一项调查报告只有几十页，在边角处用了一枚订书钉装订。在国际隐私组织的西蒙·戴维斯和其他成员、法律专家和全球非政府组织倡导者的共同努力下，我们的简要调查不断扩充。2006 年，我们的调查报告纲要达到了 1 200 页，所附脚注将近 6 000 条，并在数据保护和隐私专员年度国际会议上进行了展示。

多年以来，倡议者的规模逐渐壮大，我们的报告更加详细，所采用的方法也更加全面。我们关注的不仅是各国确立的正式法律框架，还包括隐私保护（或未得到保护）的具体实践行为。在隐私威胁越来越受到重视的大背景下，我们特别关注的是突出非政府组织的成功行动。个人和组织挺身而出为隐私呐喊，他们的具体做法可圈可点，读来令人振奋，比如阻挠建立学生数据库的韩国教师和对身份授权证明文件提出反对的柏林抗议者。

在国际隐私组织和上百位专家、倡议者及学者的帮助和支持下，电子隐私信息中心编辑了《隐私与人权：国际隐私法律和发展调查报告》（*Privacy and Human Rights：An International Survey of Privacy Law and Development*）。截至目前，这份报告是隐私领域所发布的最全面的报告。遗憾的是，这一项目没有继续坚持执行。

公众舆论

电子隐私信息中心建立在技术专家和法律学者之间的合作之上。我们也相信，广大公民对保护隐私和互联网的未来具有重要作用。电子隐私信息中心从一开始就与非政府组织紧密合作，努力呈现民间社会的呼声。这一做法源自黛博拉·赫尔利的早期努力，她认识到了让民间社会组织和商业团体与制定国际组织科技政策的政府官员进行对话是很有必要的。

1996 年，为了推动民间社会在互联网的未来发展上参与决策，我们特别启动了"公众之声"项目。我们与经合组织（the Organisation for Economic Co-operation and Development，OECD）等多个国际组织合作，帮助全球各地的民间社会组织策划活动，活动主题涵盖广泛，如电子商务、网络治理、隐私保护和加密政策等问题。

我们的目标始终是促进有建设性的对话，使制定和实施政策框架成为可能，这一政策框架在解决新问题的同时也会保障基本权利。我们也认识到了创新和经济增长的重要性。我们与经合组织的频繁合作，使其得以制定将现代经济目标与消费者保护衔接的政策框架。

"公众之声"项目也是数据保护和隐私专员年度国际会议的中坚力量，经常与国际隐私组织和其他组织共同举办由非政府组织和技术专家参加的会议。"公众之声"项目也为经合组织下设的公民社会信息社会咨询委员会（Civil Society Information Society Advisory Council，CSISAC）的成立奠定了基础，该组织代表公民社会在经合组织数字经济政策委员会的意见。

除影响重要机构发展之外，"公众之声"项目还帮助阐明非政府组织框架。这其中的案例包括：公民社会信息社会咨询委员会章程，其中针对互联网政策规定了广泛的公民参与议程；《马德里隐私声明》这份具有关键意义的政策文件肯定了对隐私保护的国际框架，指出了新兴挑战，并为民主政府提出了具体建议。

"公众之声"项目在互联网治理和互联网名称与数字地址分配机构（ICANN）的发展中也发挥了作用。一直以来，电子隐私信息中心在管理 org 域名的公益域名注册机构中发挥了领导作用，后来又加入了互联网名称与数字地址分配机构的民间咨询委员会。但是互联网名称与数字地址分配机构几乎没有取得任何进展。该组织的大部分精力都用于拖延劣质提议，而无暇推动较好的提议。令人沮丧的是，它多数的关于隐私的争论依然停留在 20 年前的关注议题上，如域名查询隐私，而非更有针对性地加强互联网的安全性和稳定性的需求。

电子隐私信息中心的网站运营

今天，检索"privacy"一词可以查到两个检索次数极多的网站，即 EPIC. org 和 Privacy.org，这两个网站毫不浮华，均由电子隐私信息中心运营。我们的双周时事通信仍然以美国信息交换标准码发送。我们已经避免了许多试图提高浏览量的技巧。我们网站上只有很少的照片，没有任何广告。

20 年来，我们始终致力于严格汇编有关隐私的重要文件，尽可能保证我们在新兴隐私问题上所编写的文件的客观公正性，我们认为自己在事情应该有的结果上通常能有真知灼见。因此，我们的网站非常重视保留我们所跟踪的所有问题的原始文件。

在电子隐私信息中心的网站上，你也可以发现两种截然不同的声音：我们的主页内容和发布页上的陈述和总结都是客观性的，而我们的非当事人意见陈述和法庭证词却带有倡导性。我们尽可能地尝试囊括相互竞争的观点。我们为能多次参与法庭审判的准备工作而感到特别自豪——信息自由挑战专栏和非当事人意见陈述。这些网页上通常包含了一份全面清单，列出所有相关文献、有用的摘要以及相关新闻报道。我们也注意包含所有反对观点。

关注这些不起眼的事实可能会显得奇怪，但今天的大多数网络都受强大的舆论导向、有针对性的广告和提升排名的技巧所驱动。而我们避免了这些影响，依旧保持了成功的网站运营。

电子隐私信息中心在政府中的角色

有时，人们会惊讶地发现，电子隐私信息中心并不是一个游说组织。我们很少在待通过的立法上向国会签署声明。我们不参加候选人竞选活动，也不与政党结盟。我们不提供"联系国会议员"的在线表格。

我们做出这个决定有我们自身的考虑。我们从一开始就决定制定与以往不同的策略——一个更适合我们所解决的问题和我们认为能够在某些方式上做出改变的策略。顾名思义，你可以将我们的角色理解为教育组织。我们认为，创造性的宣传、诉讼和公众参与完全有可能塑造政策辩论，并产生有意义的结果。1994年，最终阻止"密码芯片"项目的不是游说活动。这一成果的取得源自于技术专家和法律专家之间的合作、公众的参与、互联网组织平台、信息自由法案的相关文献检索，以及对隐私未来的全国性辩论的持续参与。

以上便是电子隐私信息中心成立前20年制定和追求的策略。接下来20年，我们将探索如何在这些策略的基础上更上一层楼。

02

PRIVACY IN THE
MODERN AGE
隐私和政务公开的需求

史蒂文·阿福特古德 [①]

直到最近，在政务公开的支持理由中，个人隐私的排名可能都不会很靠前。在重要性上，个人隐私肯定不如基于民主统治和政府问责原则的辩论。但是在未经授权公开的高度机密情报计划中，政府正在大量收集电话元数据记录，隐私担忧已经成为隐私改革所面临的最紧迫和最不可推卸的驱动因素。

秘密批量情报收集项目的捍卫者最初曾表示，对隐私的担忧是错位的，因为该项目记录的并非实际交流内容，而"仅仅是元数据"。甚至有人认为，批量收集项目的高保密程度在某种意义上是对个人隐私的补充和加强。"如果你不知道你的隐私被侵犯了，那你的隐私就没有被侵犯。"众议院情报委员会主席迈克·罗杰斯（Mike Rogers）议员在 2013 年 10 月的听证会上这样说道。

但是这种替秘密情报收集项目辩护的努力很快被两党的批评浪潮所淹没，

---

① 史蒂文·阿福特古德是美国科学家协会的高级研究分析员。

甚至曾经维护现状的人也很快承认或自己主动改变提议。这一事件的转变引发了许多领域的重要政策问题，但它对政务公开的未来具有特别的影响。

秘密对公众同意的阻碍

虽然隐私在名义上是一个富有争议的主题，但私密批量收集项目所引发的核心问题已经超过了其对隐私的现实或潜在侵犯。更确切地说，对电话元数据记录的秘密批量收集所带来的核心问题是一个事实，即公众被剥夺了任何授权或不同意这一做法的机会。

在这种方式下，隐私问题不可避免地会让公众要求尽快实现政务公开。广泛的政策目标并不一定是不惜一切代价保护个人隐私，而是要确保侵犯个人隐私的国家安全政策需经过公众讨论和批准。而批量情报收集项目的计划和执行明显没有在这一层面经过公众的同意。

鼓励国会监督的需要

人们可能会认为，在政府机关常规性相互制衡的情况下，国会能够代表公众对隐私权的关注，并为其提供必要的授权机会。值得注意的是，这在现实情况中并没有发生。

回顾过去，很明显，国会情报委员会并没有准确估测或反映公众对批量情报收集项目的态度。由于某些需要进一步调查的原因，国会的监管机构并没有表态。与此相反，国会情报委员会似乎已经成为促成这一项目的一分子。甚至在国家情报局局长向参议院情报委员会公开否认对美国公民进行过任何形式的批量情报收集之后，没有任何委员会成员对记录做过修正，尽管他们知道这一说法是错误的。

也许国会监督委员会根本没有能力执行假定或期待应该完成的同步监督功能（参议院情报委员会最近才完成了一项关于中央情报局审讯活动的报告，而距这些审讯活动发生已经过去了整整十年）。即使在今天，几乎没有迹象表明情报监督委员会已经被公众对批量情报采集项目的抗议所谴责，也无法看出他们已经开始对其在争议中的作用进行任何形式的批判性反思。但是，如果国会希望更重视实际的公众利益和公众真正关切的，那提高隐私政策等国家情报政策的质量和完整性将是其前进的一大步。

针对这一目的，我们可以采取一些初步措施：委员会可以提高工作人员的专业多样性，更多地吸纳隐私和公民自由领域的资深人士。增加过去几年中屈指可数的听证会公开次数和非官方证人数量。至于国会情报监督记录本身（其掌握的有历史价值的机密材料可以追溯到 20 世纪 70 年代的丘吉委员会），我们可以将这些材料有效解密。在这个方向上的任何进展都取决于对国会的执行和响应能力设定一个新的预期标准，这反过来也将取决于倡导组织的努力，但最终将取决于公众意愿本身。

这是透明度的新黎明吗

在电话元数据批量收集项目未经授权披露之后，美国情报机构达成了一个不同以往的认识：做到透明不一定是困难的，它一样可以为他们的利益服务。情报机构发现，解密可以用来纠正记录中的错误，可以为公共辩论提供相关语境，还有助于抵消公众对政府公务活动和动机的冷嘲热讽。

这一认识已经在政策中有所显现，并在一定程度上产生了实质性的效果：最近，政府对正在进行的情报监视项目的公开记录远远超过了以前。官方特别针对批量收集项目解密的绝密档案页数，已经是爱德华·斯诺登向新闻媒体公布的数量的两倍。

目前已经成立了多个新的政府网站，用以宣传和普及已经解密的情报记录，包括有关美国公民隐私利益的记录。奥巴马总统以非机密的形式签发了美国有史以来第一份关于通信情报工作的总统指令。在一些曾经相对生僻的话题上，新政策的辩论也已经初具规模，如因国外居民对秘密监视的反对而产生的隐私权问题，美国情报机构被怀疑与逐渐削弱的公共加密标准和日积月累的已知漏洞有关联等。

值得注意的是，美国国家情报局局长詹姆斯·R. 克拉珀（James R. Clapper）已经对一个观点表示了肯定，即电话记录批量收集项目应该从最开始就征得公众的同意，这才是更谨慎、更合适的做法。"如果我们在'9·11'事件之后开始这一项目时就保持公开……我们就不会面临今天的麻烦。"克拉珀局长对《每日野兽新闻》（*Daily Beast*）表示。更高的透明度会始终让整个情报界受益，这一迟到的官方声明为一个新的对话奠定了基础，即机密行动在当前有哪些错误之处以及应该采取何种纠正措施。

通过外部审查实现公开的制度化

所有人，包括美国总统在内，都承认信息过度保密的事实和问题。虽然问题有多种诊断方式，但大多数人会同意目前的体制更偏向于保密。因此，实际问题是，我们应该怎样推动保密管理机构受限制、有差别地行使职权，以达到更少的保密和对隐私更多的尊重？

我们能想到的可能是对国家安全保密的行政命令进行修正，包括出台反对保密的新禁令来掩盖其对隐私的侵犯。但是这种正式限制，如这种以保密禁令来掩盖其违法行为或防止尴尬的做法，并不会产生特别有效的结果。然而，另一种方法或许能把握问题的关键，让官方自愿大量减少保密行动。

这一方法是将解密的管理机构与最初的保密机构分离开来，让政府机构的保密决定接受外部审查和批判。有意思的是，这种方法已经被实施。1996 年至 2012 年，一个名叫部际安全定密复议委员会（Interagency Security Classification Appeals Panel，ISCAP）的行政机构对政府各部门的保密决定进行了审查，其中 27% 的案例被彻底推翻，41% 的保密决定被部分推翻。

这个富有成效的记录令人惊讶，但我们透过一个事实就可解释，即部际安全定密复议委员会虽然完全致力于保护国家的法定保密利益，但在具体机构的利益问题上，该机构与那些保密决定被驳回的个别机构并不完全一致。一直以来，让单独机构的保密决定接受外部审查（即使仍在行政系统之内）已经使保密程度降低了。这一基本原则已经在年复一年的实践中得到验证，现在可以对其进行更系统化的应用或将其用以解决具体问题。

因此，所有美国的情报保密指南都逐项说明了现行的具体保密规定、指明将被保密的信息类型及其相应的保密等级，可以将这些情报保密指南交由美国公共利益解密委员会（the Public Interest Declassification Board, PIDB）进行独立审查和评判。美国公共利益解密委员会是依法成立的机构，其目的之一是推动"公民最大限度地接触到美国重大国家安全决定和行动的深入、准确和可靠的文献记录"。

可以指定美国隐私与公民自由监督委员会（Privacy and Civil Liberties Oversight Board, PCLOB）对国家机构的保密指南进行针对隐私更具体的审查。此委员会的职能包括：鉴定当前情报界对个人隐私有重大影响的保密措施；对保密措施的合法性进行评估；同时为隐私政策提出恰当的调整建议。目前，还存在其他相互独立的保密审查"最佳实践"，这些做法都可以很容易地与整个情报界和行政部门融为一体。

美国能源部曾出台过一份正式条例（10 CFR 1045.20），规定美国公民有权申请《原子能法案》（*Atomic Energy Act*）框架下保密信息的解密。我本人也使用过这一条例。我们可以设想出台类似条例，允许公民挑战政府全部涉及隐私的保密和其他国家安全信息。尽管目前已经可以由个人申请对某一特定文献进行解密审查，但这一提议的方法可以具有更大的意义，将对整个隐私领域的保密现状带来挑战。

目前的国家安全信息行政命令允许对其提出解密的请求，但仅限于由通过安全审查的政府雇员提出，他们本来就可以接触这些信息。很自然，对保密的成功挑战关键在于保密事项应该接受原保密人员之外的其他人的公正审查，而且这是完全可以实现的。在 2012 财年，政府雇员提出的类似请求达到了 402 次，其中三分之一被全部或部分同意。

现行的最佳实践还有一个可以推广的例子。美国环境保护局的督察长主动邀请公众对其实施的审计和调查建言献策。这一做法可能将政府最强大的调查工具之一交由公共利益请求者来裁决（而不仅是现实中的揭发者）。虽然只有国会有权依法强制要求督察长进行调查，但美国环保局督察长对有理有据的公众"建议"的接受程度理应成为标准实践。

最后，公开本身当然并不会造成任何改变。一旦公众参与的大门被开启了，那么任何人都可以自由进入。

03

PRIVACY IN THE MODERN AGE

因果循环

罗斯·安德森[①]

　　每个国家都有辉煌璀璨和为后代留下印记的机会。作为一个英国人，我很为一个事实而自豪，那就是我们那些 19 世纪的祖先既给世界留下了技术（铁路、轮船、电），又确立了道德规范（全民教育、废除奴隶制和取消童工）。现在轮到了美国。美国已经为人类贡献了许多伟大的发明，如汽车、互联网，还可能会留下一代真正能够改变世界的美国人。

　　美国遗产的很大一部分将是互联网架构及其内在的道德规范。而在信息产品和服务行业中占主导地位的网络效应则会让网络构架长久持续，正如我们如今的铁路轨距还在沿用罗马的马车轮距标准 4.71 英尺[②]一样。

　　所以现在美国人给外国人带来的负担在很大程度上也会让世界对我们所

[①]　罗斯·安德森现任剑桥大学计算机实验室信息安全工程教授。——译者注

[②]　1 英尺 =0.304785 米。——译者注

有子孙后代造成的负担加剧。如果美国对互联网进行重新构建，使美国国家安全局更加容易地窥探巴基斯坦、也门和伊朗的居民，那么在未来的50年里，其他国家也将利用这一架构来对美国进行窥探；未来的100年里，或许印度人会后来居上；未来的200年里，领先者有可能就会变成非洲合众国。

奇怪的是，科技行业与政府往往在世界观上并不一致。这并不仅仅是指几乎所有政府职员都认为爱德华·斯诺登是个叛徒，而在高科技产业，几乎所有人都只认为他是一个检举者。美国东海岸的政界和西海岸的科技圈对基本经济面的看法也完全不同，但他们似乎都没有意识到这一差距的存在。

随着互联网的普及，在以下三个日益重要的因素影响下，高科技行业中出现了很多垄断组织：首先，网络效应意味着网络价值的增长速度快于网络用户的增长，因此它对每一个成员的价值随着其规模变大而增长；其次，存在技术壁垒，苹果iOS系统的App与安卓系统的App不兼容；最后，随着新产品的资本成本越来越高，增加一个客户所需的边际成本就会降低，甚至往往可以降为零成本。

但是，尽管美国西海岸清楚地意识到规模利润是递增的，但东海岸却认为国际关系是一个零和游戏，国家的势力此消彼长。政府人员不理解网络效应，他们呆板的工作方式导致了许多非强迫性失误。对网络产业的监管非常欠缺，而且公共领域的信息科技项目都臭名昭著：奥巴马医改网站只是众多失败中最近的一次。

然而，不论你喜不喜欢，技术都正在开始改变政府的工作，包括情报和国防方面。斯诺登公开的文件显示，美国国家安全局一直与全球国家共享情报，且这一国家网络正在不断壮大，其中包括的已经不仅是传统的"五眼联盟"成员国（加拿大、英国、澳大利亚和新西兰），还包括德国、瑞典、以色列、法国和其他许多国家。尽管冷战期间印度曾从俄罗斯购买喷气式飞机，但现在却与美国国家安全局共享情报。为什么？这只是美国国安局的网络扩大了而已。随着"五眼联盟"增加到十五国，然后增到二十五国，再增到六十五国，情报界已经俨然成了影子版的克隆联合国，但是不包含俄罗斯和中国（这或许又是一次类似微软与苹果之争）。

那些生产窃听和监视设备的公司既要面对统一市场，也要面对技术壁垒。过去，俄罗斯使用的电话系统与美国不同，所以美国国家安全局监听时需要使用不同的装置，而如今每个人都在使用 IP 地址。这导致主配置文件出现了一些有趣的道德困境。在国防和情报方面，资本成本上升，边际成本下降。过去，安装窃听器需要付费请工人来爬电话线杆；现在窃听器的边际成本为零（虽然机构在数据中心上已花费了数十亿美元，服务企业、服务提供商和电信运营商还会再花数十亿美元）。

这种复杂系统是由商业监控维持——通过监视我们的举动和向我们播放广告的形式。但这也使得几十个国家的执法和情报机构对我们的监控成为可能。而使用姿势、语音和触摸界面的设备的推广将意味着摄像头和麦克风很快就几乎会出现在世界上的每个房间里。

那么，如何管理这一现状呢？大多数情报机构连自己国民的隐私都不关心，更不用提其他国家公民的隐私了。斯诺登透露，"五眼联盟"曾经开会讨论是否应该把本国国民的敏感个人信息元数据的公开降至最低，只有加拿大对其表示赞成。换句话说，英国政府通信总部（GCHQ）很乐意让美国国家安全局知道像我这样的英国公民是否用电话联系了性健康门诊，而美国国家安全局也不会对英国政府通信总部掌握同样的美国公民信息而大惊小怪。在另一个例子中，澳大利亚相关部门对一家美国律所进行窃听，这家律所在一个可能会威胁澳大利亚利益的案件中代表印度尼西亚政府，美国国家安全局对其澳大利亚盟友的行为置若罔闻。换句话说，外国情报机构在美国境内侵犯了美国律所当事人的保密特权，且其使用的大部分窃听装置是由美国纳税人提供的。如果这还不能算敲醒警钟的话，那很难解释什么情况才算得上警报。

因此，奥巴马的审查小组建议美国国家安全局要开始尊重其他国家的隐私。尽管这是一个极好的建议，但还远远不够。审查小组建议停止元数据的批量收集，这也是有帮助的；政府可以具有监听任何人的能力，但它不应该窥探所有人。这很难在网络设计中允许美国国家安全局对外国人实行批量监控，而只对美国人实行定点监控。如果代码是法律，那么互联网架构就是政策。

其核心问题在于，美国是否真的相信普世权利，这是一个严峻考验。但美国可以迎接挑战，因为它对权利的认知方式已经在世世代代中稳步传递。曾经有一个国家引进了"人人生而平等"的观点，甚至有人会问："这包括黑人吗？"回答这个问题已经花费了87年，但这个问题却迟早是要面对的。然后人们会问："这包括女人吗？"这还会再演变为是否包括公民权，是否包括同性恋权，直到最终只剩下一个例外。现在，这个问题已经演变为"包括外国人吗"？

04

PRIVACY IN THE
MODERN AGE

大学的隐私新模式

克莉丝汀·L．伯格曼 [①]

肯特·和田（Kent Wada）

詹姆斯·L. 戴维斯（James F. Davis）

当前，研究型大学在隐私领域面临着大量相互竞争的挑战。它们渴望为研究团体提供友好空间，鼓励团体探索并交流新的想法。各团体中的大量高度敏感信息都在学校汇集，而学校必须胜任管理员的身份，如学生档案、健康信息，以及由各团体收集的人体研究等敏感数据。大学是特别关注学术自由的场所，因为"公共利益取决于寻求真理和表述真理的自由"。教职工和学生都必须能够在不贸然暴露个人身份的前提下，根据公认的指导方针从事研究工作。这些自由与资助机构和期刊的要求是对等的。资助机构和期刊要求

① 本文的三位作者是加利福尼亚大学洛杉矶分校隐私和数据保护董事会和加利福尼亚大学隐私和信息安全指导委员会的成员。其中克莉丝汀·L.伯格曼教授是加州大学洛杉矶分校的信息研究主席，同时也是电子隐私信息中心董事会成员。肯特·和田是加利福尼亚大学洛杉矶分校的首席隐私官员。詹姆斯·L.戴维斯是加利福尼亚大学洛杉矶分校负责信息技术的副教务长和首席学术技术官。

公开的数据仅限于同行审议以及政策和国家针对公立大学制定的公开档案法所要求公开的数据。数据价值是一个完整的综合体，包括公共利益、共享、合作、知识产权和商业化。最后，隐私是加强整个大学社区道德和尊重环境的基础。

加利福尼亚大学是美国最大的公立研究型大学，拥有 10 个校区、5 个学术医疗中心，管理着 3 个国家实验室，在校学生超过 23.3 万人，教职员工多达 19 万人。同样，加利福尼亚大学也面临上述所有以及更多的隐私问题。2010 年 6 月，时任加利福尼亚大学校长马克·尤道夫（Mark Yudof）成立了隐私和信息安全指导委员会，对学校现行的隐私和信息安全政策框架进行了全面审查，并对学校该如何解决短期的政策问题和长期的治理问题提出了建议。该委员会由学校的各职能部门交叉组成，其代表涵盖教师、工作人员和学生。电子隐私信息中心是该委员会的研究和审议咨询机构之一。2013 年 1 月，该委员会发布了总结报告，内容包括加利福尼亚大学对隐私价值和原则的声明、多项建议和实施时间表 [《隐私和信息安全倡议总结报告》（*Privacy and Information Security Initiatine Find Report*），2014]。

该报告解决了平衡隐私和多种权利、价值和社会欲望的需求，并认识到了技术、社会规范和政策的差异化发展。各种移动设备和社会媒体对信息的浏览和创造无处不在，虚拟社会以很多意想不到的方式与"真实"生活相互交叉，其中很多就与隐私相关。该框架为大学的隐私和信息安全提供了一个全新的综合方法。通过区分隐私的不同类型，阐述不同隐私之间的彼此关系及隐私和安全的关系，该框架提供了通用词汇表。它确立的原则和管理模式融合了学术和管理利益，允许大学的决策和政策发展均衡考虑相互竞争的价值和义务。

隐私和信息安全

隐私通常都是关于个人的。在报告中，隐私还指大学和个人之间达成的协议，它对如何处理个人隐私进行了限定。在大学价值、原则和政策中，必须解决以下两类隐私问题。

- **自主隐私**。这是指个人无须关注外界或受外界实际监控而进行活动的能力，与第一修正案中的结社、匿名等自由和行为监控的概念相关。
- **信息隐私**。对个人信息的适当保护、使用和传播。这与个人在控制或显著影响其自身的信息处理上的个人利益有关，无论是学术、医疗、财务或其他档案信息。

信息安全与隐私不同，支持对信息资源进行保护，使其免受未经授权的访问，这种访问可能会危及信息的保密性、完整性和可用性。信息资源包括基础设施（如计算机和网络）和信息（无论是否与个人有关）。信息安全是自主隐私和信息隐私支持必不可少的一部分。

图 4-1 笼统描述了自主隐私、信息隐私和信息安全各自覆盖的领域及其重叠部分。

隐私价值

加利福尼亚大学尊重个人隐私。隐私在人类尊严中扮演着重要的角色，因此它对于有道德、彼此尊重的工作场所来说是有必要的。隐私权是《加利福尼亚宪法》（*California constitution*）的基本条款之一。隐私包括：（1）个人无须关注外界或受外界实际监控而进行活动的能力；（2）对个人信息的恰当保护、使用和公布。大学必须在尊重这两种隐私和其他价值，与履行法律、政策、管理责任之间达到平衡。因此，大学不断争取在以下事项中达到适当平衡：

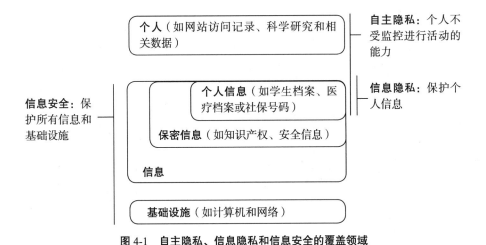

图 4-1　自主隐私、信息隐私和信息安全的覆盖领域

来源：https://security.berkeley.edu/sites/default/files/uploads/SCreport-final.pdf

- 通过政策和实践确保恰当的隐私保护水平，即使隐私的含义随着时间的推移而有所改变；

- 为教学和研究营造开放和富有创造性的环境；

- 保持工作场所的吸引力；

- 履行其作为公共机构保持透明、可问责、有效而高效的运转的义务；

- 履行保护个人和资产信息的管理职责。

隐私原则

隐私原则源自加利福尼亚大学隐私价值声明和其他已确立的隐私原则，如经合组织对隐私和个人信息跨国界流动保护的指导意见，以及美国联邦贸易委员会的《公平信息处理条例》。加利福尼亚大学隐私原则的目标在于引导政策和实践，与众所周知的信息安全目标相结合，即保护信息资源的机密性、完整性和可用性。

人们期待各大学维护自主隐私权，即个人在很大程度上控制本人的表达、结社的能力以及不受违规监控、干涉或负面影响的普通行为能力。自主隐私原则包括：以第一修正案为指导的自由查询、尊重个人隐私以及以第四修正案为指导的监督原则。

大学承诺允许个人对其本人信息的收集、使用和公开进行合理的控制。以下原则为大学将信息隐私纳入其政策和实践提供指导：通过设计保护隐私、透明度和通知、选择、信息审查和修正、信息保护和问责。

隐私平衡程序

当需要权衡隐私利益、大学价值或现行义务但缺乏可以直接适用的法定条款、习惯法或大学政策时，隐私平衡程序便可以作为指导政策制定和决策的工具。隐私平衡程序有赖于一个共识，即保护自主隐私取决于既保护信息隐私又确保信息安全。

隐私平衡程序需要特别考虑各方的利益、收益、负担以及拟采取行动的后果。每一项分析都会因涉及的行动和利益有所不同。其中的当事人可能是个人、团体、大学或其代表，但各当事人也可能相互重叠，或某一方当事人可能同时充当多个角色。隐私分析需要考虑如下的因素。

- 在成功维护个人隐私权益或具体政策立场上，各方会得到什么好处？如果提议的行动没有实施，会对各方带来什么负担、影响和风险？
- 为减少所提议的措施造成的干扰，可以配合使用哪些替代方法和合理的隐私保护？
- 涉及哪些成本，不论以金钱、时间、效力以及其他衡量方式的成本？
- 各方已经（或即将）采取哪些措施来保护其各自的权益？
- 现在或在可预见的将来，会出现哪些可能减轻隐私担忧的新技术或程序？

建议

隐私和信息安全指导委员会的总结报告提出了以下四项建议。

1. **加利福尼亚大学隐私价值声明、加利福尼亚大学隐私原则和隐私平衡程序。**加利福尼亚大学应正式采纳所提议的加利福尼亚大学隐私声明、隐私原则和隐私平衡程序。

2. **校园隐私和信息安全委员会。**每个名誉校长都应成立联合学术评议会管理委员会，该委员会的职责包括为校长或隐私与信息安全负责人提供建议咨询；为自主隐私、信息隐私和信息安全确立战略方向；拥护加利福尼亚大学隐私价值、原则和平衡程序；监督校园隐私和信息安全项目的遵守程度并评估其风险和效力。

3. **全系统的隐私和信息安全委员会。**校长应面向全系统成立联合学术评议管理委员会，为其或隐私以及信息安全负责人提供建议咨询；为自主隐私、信息隐私和信息安全确立战略方向；管理加利福尼亚大学隐私价值、原则和平衡程序；并通过校园隐私和信息安全委员会监督其有效实施。

4. **校园隐私官员。**每个名誉校长应该指定隐私官员负责协同开发、实施、管理校园统一隐私项目。隐私官员应与校园隐私和信息安全委员会密切合作。

结论

现在，由加利福尼亚大学倡议确立的框架正在被广泛传播，并已经开始在全系统内广泛实施。在加利福尼亚大学洛杉矶分校，这个框架的实施已经提高了对校园隐私问题的关注度。这些原则已经被证明是有用的，可以解决与隐私相关的一系列问题，如多样性和思想、监视、在线教育和教育分析，教职工和学生信息的公务和私人使用与公私伙伴关系的形成。两年间，我们在加利福尼亚大学全系统召开了会议和咨询，发现仅有少数大学采取了全面方法来保护隐私和信息安全。教师、行政人员和学生的关切都在这一过程中得以解决，而其目的是制定一个能够平衡隐私和信息安全利益的价值、原则和管理框架综合模式。该框架认识到政策、原则和价值观必须超越目前的技术基础设施水平，因此刻意避免提及特定技术。相反，我们期待所开发的框架能在将来继续为大学服务。我们的全面框架也成了其他高等院校和教育机构的榜样。

PRIVACY IN THE MODERN AGE

机器人领域的监督法缺陷

雷恩·卡罗 [①]

在过去几年里，机器人重新引起了人们的兴趣，包括立法者。在美国，超过 12 个州已经出台了一部或多部针对机器人的法律。隐私是立法者关心的问题之一。因此，目前多个州限制公立或私营组织将无人机用于监控。

机器人会引起隐私担忧并不足为奇：机器人的定义本身就涉及了隐私。机器人与先前的笔记本电脑等组装科技的不同之处恰恰在于机器人对物理空间 [②] 进行了主动探测。但是，由于立法者和法院对机器人技术认识的局限性，使得新兴法律导致或未能弥补某些隐私法存在的差距。

首先，官员们倾向于从过于狭隘的角度去定义机器人监控的问题。例如，各州的无人机法律大部分都援引美国联邦管理局（Federal Aviation

---

[①] 雷恩·卡罗是华盛顿大学法学院的副教授，也是互联网与社会斯坦福中心的研究人员。

[②] 尽管对机器人并没有公认的定义，舆论界多数认为机器人指能够感受世界，对其感觉进行处理，并对处理结果采取措施的机器。

Administration）对无人机的定义——无人驾驶飞机系统。而根据美国联邦航空局的定义，应该是："无人驾驶飞机是一种用于或打算用于进行无人驾驶的空中飞行装置。"

但机器人根本不需要飞行就可实现对我们的监控。现今的机器人已经可以沿建筑物的墙壁攀援，或者跳到30英尺高的房顶上。还有一种警察使用的机器人，可以通过在室内旋转或滚动在几秒内呈现详细的360度影像。目前正在研发的机器人甚至可以挤过门缝。其他系统可以模仿甚至指挥昆虫将相机或麦克风携带至监控对象探测范围之内且不被发觉。目前有关无人机的法案或法律并没有涉及警察对这些设备的使用。

其次，法院未能把握或回避无人机如何与隐私法互为联系的问题，更不用说其他机器人。在美国诉琼斯案中，最高法院认为，警察需要足够的理由才能在汽车上装载用于连续、长期监测的 GPS 设备。判决认为在汽车上设置附加装置是一种侵犯行为，这反过来又触发了第四修正案的授权要求。但无人机并不需要侵犯就可实现在公众场合对汽车或人的连续跟踪。

在佛罗里达诉贾丁斯案中，最高法院认为警察需要合理依据才能将缉毒犬带到被告的门廊①。尽管公民默许警察敲门审问，但并不同意警察携带监控工具出现在他们的走道上。被告再次获胜，但在理论上建立了第四修正案的保护与对公民财产的"入侵"之间的联系。虽然目前有大约 40% 的美国人居住的公寓都有公用走廊，或不带前门绿地的褐石建筑，但贾丁斯案并不能阻

---

① 琼斯案中有 9 位法官，其中 5 位对持续监控的前景表示了担心，即使没有涉及物理侵入。这些法官的措辞是"电子监控"，意味着他们考虑的是手机或预装 GPS 的能力，而非无人机之类的实体机器人。

止携带有化学传感器的无人机在公民房屋附近飞行 ①。

然而，此处的缺陷其实更大：贾丁斯案实际上巩固了一个已经存在几十年的观点，即公民并不愿意对违禁品产生合理的隐私预期，仅此而已。想象一下，一个机器人或一辆无人驾驶汽车穿梭在城市的大街小巷，在不入侵个人属地的情况下，自动寻找带有毒品或武器迹象的家庭或个人（相关的传感器技术——热成像、后向散射和微粒探测器都可以使用且成本正在下降）。再想象更深入一些，只有对违禁品有足够的把握，探测机器人才会通知警察，并立即删除不需要作为证据的所有图像，因此任何人都不会看到这些图像。

当然，我明白，凯洛诉美国案表明不合理使用科技手段监控公民家庭需要搜查令。凯洛案的核心问题在于，除了臭名昭著的大麻，警察还看到了其他有损声誉的场景，即女士洗桑拿的场面。我想象中的机器人并不是人，它就像一条嗅探一切的狗，只是向人类警察报告明显的违法行为罢了。我认为法院对被拍摄的活动进行分析只能限于贾丁斯案中达到顶点的违禁品底线。

那么，问题到底是什么？作为一个分析型问题，国家管理无人机的事实并不妨碍国家对其他机器人的管理。法庭保护公民免受侵害并不排除一个更具保护性的解释，即索托马约尔法官（Justice Sotomayor）在琼斯案中的通力合作所明确传达的观点。

问题与政治资本和司法习惯有关。无人机已经成功地捕捉了公众的想象。公民并不打算抗议警方使用的每一种机器人技术。无人驾驶飞机创造了一个狭窄的政策窗口，而随着公民对这种变革技术的适应，这个窗口正在逐渐关闭。

---

① 无人机可以接近房产分割线或其上方的足够高度，这样便不会牵涉监控目标的产权。Cf. Florida v. Riley, 488 U.S. 445（1989）认为使用直升机在房产上方飞行并不属于第四修正案中提到的搜查目的，而 United States v. Causby, 328 U.S. 256（1946）取消了习惯法对个人财产权向其上方无限延伸的规定。

与此同时，最高法院的决定在一定程度上是付出了极大的代价才达成的：他们在保护被告的同时，也加深了对第四修正案的狭隘解读。琼斯案代表的议题是即使警察侵犯了个人财产或者使用你自己的电子设备对你进行跟踪，你依然对公共场合的隐私有合理预期。贾丁斯案代表的议题是你并不默许警察带着狗接近你的门口。如果说法官在贾丁斯案中达成了任何共识，那这一共识仍然是人们不愿意对违禁品产生合理隐私预期。[①]

本文的目的在于呈现当代隐私法律的愿景。我将机器人领域的法律或信条理解为一种普遍现象。官员和法庭应该仔细考虑的是脚下正在发生的海平面变化，而不是逐一解决移动的自动监控技术。描述隐私法律如何在毫不损害确定性或严密分析的情况下对监控技术进行处罚，是一项伟大的工作，并且正在发生。社会应该现在就看这些文章，我们正站在及膝深的水中，而海平面只会上升而不会下降。

---

① 不论怎样，除声称的财产侵害之外，法官阿利托（Alito）、肯尼迪（Kennedy）、布雷耶（Breyer）以及首席法官罗伯茨（Roberts）都作出了对被告不利的判决。

06

PRIVACY IN THE MODERN AGE

保护信息时代的性隐私

达尼埃尔·席特伦[①]

技术变化是大多数信息隐私法的核心。让我们回到《美国隐私权法案》的起源。1890 年，塞缪尔·沃伦（Samuel Warren）和路易斯·布兰代斯（Louis Brandeis）针对当时日益突出的隐私漏洞撰写了《隐私权》（*The Right to Privacy*）一文，他们后来成为了法律合伙人。随后，抓拍相机和廉价的报纸使入侵家庭的"神圣领地"成为可能。他们认为，违背本人意愿公开"室内亲密行为"所产生的精神痛苦远远大于人身伤害，法律需要保护"独处的权利"。随后，法院和立法部门迅速跟进以纠正隐私面临的危害。

另一个时代的技术推动了下一波隐私法律浪潮，即 20 世纪中期至晚期兴起的计算机"数据库"。企业、政府和直邮公司存储了数百万美国公民的电子记录。"老大哥"（Big Brother）数据库引起了大范围的恐慌。1965 年至 1974 年期间，将近 50 次国会听证会和报告对一系列的数据隐私问题进行了调查，

---

① 达尼埃尔·席特伦是 Lois K. Macht 研究员、马里兰大学法学院法学教授。

包括人口普查记录使用、犯罪历史记录获取以及对军事和执法部门对持政治异议人士的监控。1973 年，美国卫生教育和福利部部长呼吁出台《公平信息处理条例》，为反对信息的潜在滥用提供程序保障。《公平信息处理条例》在多项法律中处于核心地位，如《美国公平信用报告法》（*Fair Credit Reporting Act*）、1974 年《隐私权法案》、1999 年《金融服务现代化法案》（又称"Gramm-Leach-Bliley"法案）、《儿童在线隐私保护法案》（*Children's Online Privacy Protection Act*）和《健康保险流通与责任法案》（*HealthInsurance Portability and Accountability Act*）等。

跟踪是电脑档案带来的另一个灾难。1989 年，一个疯狂的粉丝从加利福尼亚州机动车辆记录中获取了女演员丽贝卡·希弗（Rebecca Schaeffer）的家庭地址，随后将其杀害。次年，加利福尼亚州将跟踪定为犯罪行为。之后的五年内，美国全部 50 个州都出台了跟踪法规。

21 世纪之交，数字记录的发展促使对视频偷窥的禁令出台。2003 年，纽约通过了《斯蒂芬妮法案》（*Stephanie's Law*），规定在个人享有对隐私的合理预期时，使用设备私自记录或传播其脱衣或性行为属于违法行为。该法案以斯蒂芬妮·富勒（Stephanie Fuller）的名字命名，她的房东在她租住房间的床上方的烟雾探测器中安装了摄像头，并对她进行了偷拍。2004 年《联邦防止录像偷窥法》（*Federal Video Voyeurism Prevention Act*）规定"在个人享有对隐私的合理预期时，未经同意故意拍摄其私人部位的行为"为犯罪行为。该法令同样适用于捕获的联邦财产图像。

法律需要再次完善以打击网络技术协助下对性隐私进行的破坏侵犯行为。以伊恩·巴伯案（Ian Barber）为例，巴伯违反法律规定将前女友的裸照发布在 Twitter 社交网站上，并将照片发送给她的雇主和姐妹。纽约检察官以严重骚扰罪对他进行指控，并禁止他向受害人直接发送骚扰信息。这一指控被一位法官驳回，理由是巴伯并没有将裸体照片发送给受害者。此类异常裁决不仅仅在纽约发生。

在美国的很多个州，骚扰和跟踪法律都要求提供被告与受害人直接交流的证据。但今天的技术已经使得跟踪者不用联系受害者便可实施恐吓。今天的社交媒体、博客和电子邮件都可以变成折磨受害者的工具。而明天的工具可能会是机器人或无人机。应该对跟踪和骚扰法律进行修正，涵盖犯罪者在跟踪和骚扰受害人时使用的任何手段、方法或科技。

在美国大多数州，包括纽约在内，将某人本来打算保持私密的裸体照片公开并不是犯罪行为。这种非自愿的色情照片公开，也被称为"色情报复"，是一种严重的骚扰形式，也是家庭暴力的形式之一。受害者经常受到性侵犯、骚扰、被解雇、被迫换学校，甚至被迫更名改姓的威胁。一些受害者甚至选择了自杀。

非自愿色情应该被限定为犯罪行为。目前美国已有 7 个州对色情报复出台了禁令，还有 17 个州正在考虑反色情复仇立法，如国会女议员杰基·斯皮尔（Jackie Speier）正在起草性隐私法案。至于国会和纽约等州将如何回应性隐私侵犯，只能等待时间的证明。

一些人反对把性隐私侵犯定位为犯罪行为，理由是有损言论自由。这就是为什么将法律限定于只惩罚蓄意、恶意侵犯他人的隐私和信任的行为，是至关重要的。反色情报复法的其他特点可以确保被告人在犯罪活动的构成要件上得到明确告知，并排除涉及公众利益事项的无辜行为和图像。

即使如此，一些人依然认为色情报复法律注定会失败，因为非自愿色情并不属于不受保护言论的范围。他们认为，如果要将色情报复定为犯罪，那么需将其认定为新型不受保护的言论，但法院并不会这么做。另一个观点是，即使法律可以确保对色情报复的民事救济，但并不能强加刑事处罚，因为在第一修正案中，刑事和民事法律是有区别的。这些反对意见没有事实根据，而且值得警惕，以免人们对其信以为真。

我们首先来解决第一种观点，即认为色情报复法律违背宪法，理由是色情报复不涉及真正威胁等非保护言论类别。其鼓吹者以美国诉史蒂文斯案为依据，该案推翻了一项法令，该法令惩罚为获取商业利益而描述虐待动物的行为。在史蒂文斯案中，政府认为描述虐待动物属于新的非保护言论类别，但此观点被法院驳回。法院的解释是，第一修正案不允许政府仅仅因为缺乏重要性或因为"带有对某一项法令的偏向去特别计算成本和利益"而禁止言论。法院认为政府"无权任意宣布第一修正案范围之外的言论类别"。但法院并没有说只有明确承认的类别的言论才可以被禁止（如诽谤、真正威胁、猥亵言论、即将发生的暴力煽动和鼓动犯罪等言论）。相反，法院特别指出，其他形式的言论"受到的保护不够严格，这属于历史遗留问题，即使这些言论尚未被明确承认"。

将私人交流中纯属隐私的事项公开正是史蒂文斯案中所提到的作为历史问题未享受严格保护的言论。将反色情报复刑事法律与第一修正案协调一致并不需要新类别的非保护言论。下面我们讨论一下确定这一先例的相关案件。

史密斯诉《每日邮报》（*Daily Mail*）案于 1979 年裁决，该案解决了因公开被指控谋杀的未成年人姓名而对报纸刑事定罪的合宪性。法院确立了一条现今已经确立的规则："如果报纸通过合法渠道获得具有公众意义的真实信息，那么国家行政人员不得依照宪法对该信息的公开进行惩罚，无需上升至最高国家利益的层面。"从那时起，法院就开始拒绝采用明线规则来排除对"信息的真实公开行为侵犯国家规定的'隐私领域'"的民事或刑事责任。相反，法院已经公布了一条使用范围非常狭窄的决定，明确承认新闻自由和隐私权"明显具有传统基础且属于社会的重大关切"。

接下来，我们要探讨的是巴特尼基诉沃珀案。在此案中，一位匿名人士截获并记录了当地某教师协会主席与该协会的首席谈判代表的一段通话。在通话中，一方提到"（正）要去学校董事会成员的家中炸掉他们的门廊"。这份电话拦截记录的副本被发送到了一位广播评论员的邮箱，此评论员便播放了这段录音。这位广播名人公布电话交谈的行为违反了《窃听法》（*Wiretap Act*），并因此受到了民事处罚。

在法院看来，此项窃听处罚的特点在于呈现了"存在于最高权益和个人隐私权益之间的冲突，更确切地说，这是对公众议题相关信息的完整和自由传播的利益，与捍卫私人对话的利益之间的冲突"。对法院来说，相互较量的双方都涉及了言论自由的利益。法院认为"私人谈话内容的披露比谈话拦截本身对隐私的侵犯更大"。最终处罚被驳回，因为关于协会谈判的私人电话交谈"毫无疑问"地涉及了"公众关注的问题"。另外，此私人通话不属于"商业机密、室内闲聊或其他纯粹的私人问题"，《窃听法》对隐私忧虑的支持不得不"让步于公布对公众具有重大意义的事项的利益"。

如果谈话涉及的是"纯粹隐私"事务，如裸照，那么国家在保护谈话隐私上的利益足以证明相关规则的正当性。尼尔·理查兹（Neil Richards）认为，且地方法院也已经裁定，较低水平的第一修正案审查适用于对"家庭闲聊或其他纯粹私人关切的信息"的非合意性发布。上诉法院认为，《窃听法》对不必要地披露涉及"纯粹私人事务"的私人对话进行民事处罚符合宪法。

在涉及非自愿公布性视频的案件中，地方法院则支持其属于公布私人事实的观点。在迈克尔斯诉互联网娱乐集团案中，一家成人娱乐公司获得了一份名人夫妇布雷特·迈克尔斯（Bret Michaels）与帕梅拉·安德森·李（Parnela Anderson Lee）的性爱录像。法院禁止了该性爱录像的公开，因为公众对名人夫妇的关系中"最亲密方面"的图像描绘没有法定权益。正如法院解释，记录成年人性行为的视频"代表了对私人事务可能达到的最深层的侵犯"。

这些裁决将支持将色情报复定为犯罪行为的合宪性。裸体照片和色情录像带是最私密和最亲密的事实；在没有当事人同意的情况下，公众没有任何合法权益观看他人的裸体形象。另一方面，非自愿性披露个人的裸体形象无疑会对私人交流造成负面影响。如果没有任何隐私预期，受害者就不会分享他们的裸体照片。只有在有隐私预期的情况下，受害者才会更倾向于在交流中涉及性话题。这种分享可以提高夫妻之间的亲密度和在其他类型的情侣关系中保持坦率的意愿。

在具有重大公共意义的事件传播中，受害人的隐私顾虑什么时候不得不让位于社会利益？曾经有女性向媒体透露，前国会议员安东尼·韦纳（Anthony Weiner）曾将本人的色情照片通过 Twitter 消息发送给她们。他自己决定发送这种信息突出显示了对其裁决的合理性。典型的色情报复场景涉及私人事务，但并不在广泛的公众利益范围之内，与之不同的是，韦纳的照片属于重大公众事件，因此将其公开受宪法保护。

保密法的视角是另一种理解色情报复法合宪性的方式。色情报复属于"法律上可控告的泄密"。从第一修正案的角度看待保密条例会减少很多麻烦，因为其惩罚对象是对假定或默示义务的违背行为而非发布某言论造成的实际伤害。保密法并不禁止特定言论，而是强制实施明示或默示的承诺和共同期望。

目前，还有一种观点认为色情报复的民事救济可能成立，但刑事处罚不能成立，因为第一修正案对这两者的裁决不同。但通常来说，第一修正案对侵权救济和刑事检控的裁决是相同的。尤金纳·沃洛克（Eugene Volokh）曾指出，法院"拒绝被诱导以第一修正案为借口将民事责任与刑事责任区别对待"。在《纽约时报》诉沙利文案中，法院的解释是："某个州不可能用刑事法律裁决的事情同样会超出其民事法律的范畴。"法院认为，虽然裁决相同，但民事损害赔偿金的威胁比对刑事诉讼的恐惧更有约束作用。民事被告人并不享有刑事被告人适用的特殊保护，如对排除合理怀疑证明的要求。

沃洛克的观点值得注意，他认为"模糊理论在刑事案件中可能比在民事案件中更能发挥作用（与美国联邦通信委员会诉太平洋基金案相比，该案的重点在于缺乏刑事责任）；在公众关注的诽谤案（如支持惩罚性赔偿的格茨诉罗伯特·韦尔奇案）中，刑事责任可能需要过失或更糟的犯罪意图。"他说道（本文作者也同意）："我认为我看到的色情报复法令并没有受到模糊问题的影响。"

我们应该看到并明白，这些流言其实是误导和无知。如果要反对限制色情报复的努力，请坦诚说出真正的原因。反对者可以根据政策理由提出拒绝。他们会担心将色情报复判定为非法事件并不是一个好主意。他们可以坚持认为这只是小事情。不要阻拦关于是非曲直的讨论。

PRIVACY IN THE
MODERN AGE
欧洲数据保护新机制所面临的隐私机会和挑战

西蒙·戴维斯 [①]

从许多美国政策制定者和权利倡导者的角度来看，自斯诺登泄密事件以来，美国在隐私、安全和问责制上进行了力度明显的国内改革。白宫承诺遏制安全机构的大规模监控，提议加强法律保护，企业集团加强透明度和安全性，这些都被广泛称赞，被认为是隐私取得的实质性胜利。

但这种观点并没有得到欧洲的广泛认同。欧洲的主要政治人物和隐私管理部门对美国进行了持续抨击，他们认为美国的隐私改革只是一种普遍不作为。这一观点促成了欧洲的隐私改革，而这次改革浪潮可能是欧洲历史上最大的一次。

伊萨贝拉·法尔克·皮罗丁（Isabelle Falque Pierrotin）现任法国国家信息委员会隐私监察局 [French Privacy Watchdog CNIL（National Commission on

---

① 西蒙·戴维斯于 1990 年创办了国际隐私组织，并在 2012 年之前担任总干事。

Informatics and Iiberty）〕局长，欧洲数据保护联盟"第 29 条工作小组"主席，同时也是欧盟隐私事务的最高负责人。她在 2014 年年初表示，奥巴马总统并没有采取实际行动来减轻欧洲对美国监控的担忧。她说道："在某些时候，欧洲公民和欧洲数据保护部门想要的是事实——而不只是意图、善意或主张——他们只要事实。而就事实而言，我们并不像欧洲数据保护部门那样仅满足于对欧盟公民的数据收集方式。"

其他人也同意法尔克·皮罗丁的意见。在欧盟许多国家看来，奥巴马政府大张旗鼓的国家安全局改革计划是令人失望的。在过去的 6 年中，除了对美国法治的几次著名让步之外，美国国家安全局几乎从来没有停止执行全球监控行动。虽然在奥巴马总统的公共声明中，对海外异议的回应已经超乎寻常地占据了较大篇幅，欧盟的主流观点认为他的做法只是一种减轻各国领导人担忧的公关战略 。

2014 年年初，奥巴马的全面声明对海外的数据收集问题避而不谈。声明只提到了有可能探索限制国外数据保留期限的方法。这种不作为意味着全球数据收集设备将保持不变，这种改革缺陷没有逃过欧盟政治家的眼睛。

尽管"普通公民"的不可侵犯性不断被提起（假定是在信息被收集之后才被认定为"普通"），奥巴马却选择将重心放在对友邦政府首脑隐私的保护上：

这件事受到的关注是可以理解的，我已经向情报机构明确表示（除非出于迫不得已的国家安全目的），我们不会对伙伴和盟国的国家元首和政府首脑的谈话进行监控。

美国的隐私权倡导者有条件地欢迎奥巴马的一些改革，尽管这是正确的做法，但美国并没有回应其对他国公民的数据采集，美国的沉默加大了对欧盟公民的数据收集和处理加强法律保护的支持。

美国对欧洲公民的隐私置若罔闻，且并不仅限于安全行动。事实上，政策制定者普遍认为，自克林顿以来的美国行政管理机构从来就没有承诺过会对国际层面的隐私领域和监控事项进行改革。

例如，1995 年《欧盟数据保护指导意见》（*EU Data Protection Directive*）制定出台之后，免责规定成为了确保欧洲和美国继续进行数据交易的法律手段，这被普遍视为极简主义的解决办法，人们期待能够出台更有力的措施。然而事实上，美国从来都没打算履行加强举措的承诺。即使到现在，当跨大西洋隐私安排面临前所未有的挑战时，美国仍然不同意对其机制进行实质性改革，这让欧盟的法律改革者继续保持警惕。

在过去的一年中，隐私和监控的整体形势在美国已经达到了前所未有的程度，这是毫无疑问的，但在欧盟公民的利益上，法尔克·皮罗丁和其他隐私领导者认为这种动态变化只能算是行动，而不是成果。

在这种观点的影响下，欧洲已经针对美国的数据收集和处理加强了隐私保护，整体政策立场也趋于强硬，这种转向是前所未有的。在过去的一年中，美国和欧洲之间所谓的大西洋隐私鸿沟明显扩大。这种转变表明，全球在推动美国对他国公民的隐私进行更有实际意义的保护上出现了新动态。

在这较短的时间内，欧盟议会和欧盟法院已经制定了强化保护的规定，进一步对美国政府施加压力，督促其在尊重全球个人权利上作出持续努力。

首先，欧盟法院已经推翻了一项欧盟法令，该法令要求服务提供商存储所有客户的通信数据。尽管尚不清楚其长期影响，但这将是对大规模监控的巨大打击，会在全球范围内对服务提供商、执法机构和安全机构产生影响。

法院指出："对无针对性、无可怀疑的数据存储过于宽泛，且不属于绝对最低必要标准。"这一立场基本排除了任何数据存储，并将可能产生的执法活动限制在逐案审查的行为上，而非对全部大众的批量存储上。

其次，欧洲议会几乎全票通过了一项新的数据保护框架，该框架强化了隐私权和信息权，并迫使国外相关公司尊重这些权利。这项立法的命运目前尚不确定，其中的很多条款在激烈的争论面前显得势单力薄。

欧盟议会的立场证明了近期对隐私改革的态度演变。2014 年年初，希腊成为欧盟理事会轮值主席国，任期 6 个月，当时数据保护改革呈现出了暗淡前景。2014 年 1 月，在经济领域出现了一连串前所未有的游说活动。而这些游说活动大量出现的目的是为了要求对管理规定进行多处修正，这会导致隐私领域出现无可挽回的妥协。随后，世界经济论坛发布了一份报告，呼吁对隐私进行"反思"。2014 年 3 月，欧盟议会开始起草一份报告，该报告对管理改革造成了巨大的毁灭性打击。2014 年 4 月，英国政府呼吁包括印度和南亚在内的其他国家应该对数据保护立法采取务实的态度。隐私保护的趋势已经开始逆转。

最近，欧洲最高法院裁定"被遗忘权"成立，规定谷歌等搜索公司和其他数据公司有义务尊重个人意愿，删除可识别身份的特定信息。

最终，欧盟议会于 2015 年通过了强硬的网络中立规定，这虽然与隐私没有直接关系，但表明在关键网络问题上，欧盟采取了更积极、更明智的立场。

欧盟各国法院也出台了一系列规定，强化了国家主权对网络活动的控制和权力，其中包括英国法院裁定谷歌公司应在英国领土范围内面对诉讼当事人，德国法院裁定 Facebook 受德国数据保护法律约束。

认为这些进展也许会对两个地区之间的关系产生重大影响或许为时过早，但随着自由贸易协定和安全港协议等数据传输安排的同步发展，美国付出真正的改革努力符合总体预期。在后斯诺登时代，这种思维已经成为惯例。

　　欧盟选举产生的新议会与上一届议会的政治构成明显不同。然而,美国不应该将此误解为未来可以在隐私问题上肆无忌惮,更倾向于"欧洲怀疑主义"的欧盟议会可能会更加侧重主权保护。这种情况可能会开启美国—欧洲关系的潘多拉魔盒。

PRIVACY IN THE
MODERN AGE

化名假名：监控时代的
身份管理

A. 迈克尔·福鲁克 [①]

在未来十年里，身份认证管理将成为隐私的战场之一。连"身份认证管理"这个词本身都存在争议。从最狭义的角度看，"身份认证管理"仅仅指登录信息、密码和其他身份符号的共享和安全追踪。在广义上指"身份标识生态系统"，在系统中，人们透露的信息可以通过工具仔细衡量，人们拥有不同身份的组合包和根据情况调整的人格面貌。目前，在这种更强大的愿景中，需要验证身份的许多交易和关系都会变成默认，只需要个人证明能力或授权即可。

具有隐私保护性的身份管理架构很重要，因为身份和网络活动之间的关联越来越强，这使得公众和私人领域的多种性能分析和监控成为现实。更好的系统会给监控和数据收集的大部分过程增加难度。因此，具有隐私保护性的身份管理生态系统有其自身的价值，或者可以成为更全面的隐私保护改革

---

① A. 迈克尔·福鲁克受聘于佛罗里达州科勒尔盖布尔斯市的迈阿密大学教授，研究方向为网络法和行政法。

的一部分，不论是欧盟模式或是其他方式。重要的是，在当前的趋势下，改革后的身份标识生态系统能够保护隐私不受私人监控和不正当的政府监控。

在美国，隐私权的现状和未来似乎介于糟糕与末日之间的状态。美国国家安全局试图捕获所有电子数据。执法机构联合起来共享处理中心的监测数据。企业的数据代理也在寻找收集和使用个人数据的新方法。然而，在可预见的未来，欧盟的隐私监管模式似乎很可能在很大程度上并不能阻碍数据收集。数据隐私被技术所钳制，一方面是数据收集技术的多重发展，另一方面是数据整理的快速进步。大数据在规模和速度上都在提升，涉及范围更广，涵盖企业和政府收集和共享的多种信息资源。

隐私所面临的威胁种类包括互联网通信的物理定位、手机通话监控和车牌号追踪等。有效的面部识别也即将成为现实。公共机构和私人机构在公共场合安装的摄像头越来越多，并对监控结果进行处理和存储；数据共享的数量也在增多，或者至少私人部门自愿或非自愿与政府分享的数据越来越多。另外，随着人们越来越习惯（且更依赖于）Facebook、Twitter、Instagram、亚马逊、谷歌等电子社交和经济中间商，他们本身便成了主要数据来源，其他人可以由此跟踪其行动、社会关系甚至思想，更不用提他们身边的人。

在这个对通信、交易和行动的监视越来越无孔不入的环境中，普通美国公民几乎没有任何抵抗能力。对数据收集的法律限制往往滞后于技术发展。在私人领域的数据收集上，以自由放任为主的社会契约论占主导地位，这意味着隐私通常面对的是同意符合标准格式的提取。至于公共领域的数据收集、使用和再利用，第一修正案的注意事项可能难以禁止很多真实事实的重复出现，而这些事实往往无法秘密获得。此外，在日常生活中，普通人能够对其物理隐私提供的保护少之又少。在很多州，遮挡车牌都是违法行为。很多州还规定在公共场合戴面具是犯罪行为，尽管此项禁令的合宪性值得商榷。大多数手机都是被锁定的，更改手机的 root 权限既复杂又昂贵，而且也不可能解决所有的隐私问题。

几年来，在电子隐私领域里，隐私工具似乎可能会对数据采集和监视产生显著的遏制作用。不幸的是，密码学的潜力尚未被挖掘，磁盘加密软件仅是一个与主要操作系统同时推送的选项，但加密电子邮件仍然是专业项目。手机泄露信息的途径不只是通过位置跟踪，还会通过应用程序和吸引用户的其他设备功能。一项对收件人和发件人的统计表明，谷歌可以看到全国范围内一半的邮件往来。现在我们可以无可置疑地确信，美国国家安全局已经对电子通信和定位数据实施了真空清洁政策。

1995 年，我发表了第一篇关于隐私的论文，在文中对四类通信进行了对比，这些通信对发送者的身份进行了部分隐藏。按隐私保护程度从高到低排序分别为：（1）不可追踪的匿名；（2）可追踪的匿名；（3）不可追踪的假名；（4）可追踪的假名。多年来，我一直认为，鼓励不可追踪的匿名是取得电子隐私成果的最佳途径。"如果其中三人中有两个人死了，那他们的秘密就可以得到保护"。如果人们能够实现匿名交易和交流，则这种信息交换在本质上就不会被纳入不断扩张的数据档案。我们通过 Tor 之类的系统越来越多地实现了可信赖隐私保护的通信，至少一部分公众已经显示了对半匿名加密货币的兴趣（参考比特币的惨败）。即便如此，从长期来看，对大多数人而言，匿名电子通信（更不用说匿名交易），实际上正逐步远离我们，因为跟踪和关联技术始终在进步。目前的技术已经可以使用物理地址（MAC）号码跟踪设备，使用网络追踪器和浏览器痕迹来追踪软件及其用户，或者对定位数据和其他数据捕获的交叉融合，无论其载体是手机、面部、会员卡或是自我监视。但无论是哪种形式，在我们遇到美国的重重阻碍之前，匿名成为现实的可能性实际上已经越来越渺茫，而其他国家的阻碍甚至更多。

从匿名到假名的转变是身份认证管理的重点。此外，如果对法律环境具有现实了解，任何强大的身份认证管理都可能会有极大的可追溯性。有用的、有吸引力的身份管理工具存在的前提是我们先创建符合法律规定，并以标准为基础的支撑基础设施。至少在美国，这一基础设施的法律部分将需要联邦政府采取行动。虽然奥巴马政府的活跃分子已经表示将在网络空间可信身份国家战略（NSTIC）的框架下，支持强大的身份认证管理，但政府整体对此并没有达成一致。更糟糕的是，有早期迹象表明，网络空间可信身份国家战略的实施将远远落后于其预期潜力。

在最近关于国内互联网监管上的政府声明中，网络空间可信身份国家战略几乎是独一无二的。[①] 典型的政府报告会用大段篇幅来描述网络恐怖主义的威胁、洗钱和（以及有时会谈到）所谓的网络剽窃（未经许可的数字拷贝），而对隐私和个人数据安全的重要性，顶多只会做做表面文章。对身份被盗的危险和网络空间可信身份国家战略本身的报告则是例外，该报告的重心似乎在于对互联网使用的警惕，而非对安全软件的警惕。网络空间可信身份国家战略描绘的"身份生态系统"由以下四个核心价值观引导：

- 身份解决方案将有助于增强隐私，且是自愿的；
- 身份解决方案是安全的、灵活的；
- 身份解决方案能够彼此协作；
- 身份解决方案具有成本效益，且易于使用。

这些都是美好的目标，而且如果实现了，则会是巨大的成就。即使它仅限于网络空间，换句话说，即使它并没有直接解决物理世界中的监控问题，

---

① 这是一个重要警告：美国政府似乎常常愿意将互联网匿名化称为对国外持不同政见人士，而非国内公民的潜在授权工具。

也已经在目标清单中播下了"生态系统"的种子。此"生态系统"的基础是授权法律和自愿性标准，通过允许人们将自己的生活分区，为营销人员和其他连接这些分区的事务制造障碍，这很可能是对数据隐私的巨大推动。

网络空间可信身份国家战略能解决的问题是，如果没有某种形式的干预，营销人员、执法者、（部分由于这个原因）软硬件设计者等的利益更倾向于让技术更适用于监控，并易于关联通信和交易。如果我们每人都只有一个可交易的身份，如果我们使用的互联网服务供应商（ISPs）或电子邮件等通信资源都要求支付或者仅仅只要求认证，那么我们在网络上留下的一切痕迹都立即会面临被记入档案的风险。现实世界监视的增多，以及手机追踪和面部识别的易操作性将允许虚拟身份的关联，这将会导致潜在联系的增加，而其所带来的后果是个人的所有行为都会受到实际监控，如说话、阅读、买卖交易和与朋友、同事、教友、维权人士或业余爱好者的往来。从长期来看，在这个近乎全监控和无止境档案记录的世界里，自由和尝试会变少，快乐自然也会更少（也许监控者除外）。

强大的隐私增强身份—假名—可以延缓全面监控的发生。但在新的数字隐私系统中，为了使身份真正为隐私服务，这些身份角色必须具有交易能力，至少可以满足购买网络和手机服务的需要。我们需要一定的标准来确保硬件不出卖我们的身份：在同一台电脑或手机上使用不同身份不能引起多重身份的任意混合。因此，鉴于目前的通信基础设施状况，电脑和手机必须拥有具体到技术水平的多重身份交替方式（物理地址、新一代互联网协议和国际移动设备标识号码）。

付款人匿名的数字现金可以使我们拥有真正无法追踪的假名，这是最强大的隐私保护技术方式。隐私保护相对较弱的技术方式还包括令人讨厌的身份托管，在这种方式中，政府可能在充分原因和法律程序的掩护下打破身份掩护，但即便如此，也是对我们所倡导的路径的极大推动。加强隐私保护的身份基础设施的大致轮廓是可以想象的，它有可能完全满足执法和安全群体的全部以及最不合理的要求。在这个生态系统中，我们每个人可以像现在一样拥有根用户身份，并可正常用这种身份进行大额资金交易。此外，每人都有能力创建限制用途的身份，其基础是身份监管者颁发的数字证书，而银行等机构将乐于担任身份监管者。其中一些证书是"属性"证书，例如，表明持有者是成年人、退伍军人或拥有 2015 年度 AAA 级信用等级。还有一些证书是"能力"证书，与今天的信用卡类似，表明持有者具有公交车年票或可利用的信用额度（信用额度的大小可能根据是否存在洗钱隐患而有所限制，尽管已有多家银行为不愿在网上使用信用卡的用户提供了这种一次性信用卡的选择；然而，尽管加强隐私的身份系统并不需要，但这些信用卡往往带有持有人的姓名）。我们可以用标志来区分某人是否锁定了真实身份；锁定身份的用户会得到更多的信任，即使我们不知道他们是谁。

随着时间的推移，我们迟早会学会通过虚拟分区—可配置角色进行网络互动。这种途径将会为工作、生活和娱乐建立起更严格、加密的分区。它还将会提供抵御身份被盗的深度防御，如果有人进入了他人的 Facebook 角色，这个攻击者将无法同样进入其工作角色。此外，为限制（或监控）私人角色而对工作使用严格安全控制的需求会降低——随着公司推出手机和电脑，这已经成为一个日益严重的问题。

对今天的美国来说，这种受限隐私的解决方法即使大打折扣，也是一个较高的要求。即使是民主政府也很难理解自由言论的优点，因此，要想让政府对强大假名所带来的自由言论有任何热情却是难上加难。当无法追踪的匿名发展到更高层次的言论自由时，政府往往会临阵退缩——如果涉及金钱，那反对力量就会更加强大。

　　奥巴马政府提出的网络空间可信身份管理国家战略激起了人们的希望，希望美国政府的力量向法律和技术架构设计倾斜，以达到在降低隐私成本的同时增加网络安全的目的，而降低隐私成本越来越成为访问网络内容的条件之一。目前这些希望都尚未实现，而需要做的还有很多。

PRIVACY IN THE MODERN AGE

遥遥归途：隐私是一项基本人权

黛博拉·赫尔利[①]

1571 年，伊丽莎白一世女王颁布了一项法令，要求英国所有的男性平民必须戴羊毛帽。女王的这项工业政策在文艺复兴时期的早期是有正当理由的。颁布该法令的目的是为了保护英国的针织业，并为人民提供就业。

这项规定只是绝对君主制时代广泛而专横的法令之一，而在今天看来则可能很古怪。然而人们万万没想到，接下来的规定是脱下帽子！禁止佩戴无处不在的棒球帽和其他沿帽就能消除面部识别技术捕捉数字图像和面部测量的努力所遭受的挫折吗？

另一个强势的领导人是西奥多·罗斯福（Theodore Roosevelt），他曾在麦迪逊广场花园对一个集会团体呼吁：“朋友们，也许一代一次，也许更少，会有一个国家的人民有机会站出来证明他们的机智和勇敢，为捍卫人权投入持

---

① 黛博拉·赫尔利于 1996 年成立了咨询公司，并担任总经理，该公司为政府、国家组织、非政府组织和致力于进步科学和技术政策的基金提供咨询服务。

久的伟大战斗。"

适应这种说法吧。隐私权是一项基本人权。

1948 年，联合国大会上全票通过的《世界人权宣言》（*Universal Declaration of Human Rights，UDHR*）是现代人权时代的奠基文件。我们不知道西奥多·罗斯福在护送外甥女埃利诺·罗斯福（Eleanor Roosevelt）走过婚礼红毯时赠了什么箴言。不论埃利诺结婚当天是否提到了人权，但她的确拿起了罗斯福的接力棒，在机会来临时明智无畏地完成了自己的任务。埃利诺·罗斯福担任了《世界人权宣言》起草委员会的主席。

《世界人权宣言》与 1966 年通过的《公民权利和政治权利国际公约》（*International Covenant on Civil and Political Rights，ICCPR*）和《经济、社会及文化权利国际公约》（*International Covenant on Economics，Social and Cultural Rights*）并称为《国际人权法案》（*International Bill of Human Rights*）。《国际人权法案》是世界历史上最成功的法律制度之一。这些公约的缔约国家超过了 160 个。如此多的国家通过并批准这一主要人权文书，强调了国际社会对人权原则达成的高度共识。

人权被赋予了如此重要的意义，政府高度同意限制自己的主权，将部分权力重新分配给其他国家、国际机构和个人。《人权公约》（*Human Rights Covenants*）限制了一个国家在本国领土范围内对个人的自由裁量权。个人不仅被公认为是政府权威的基础，还可以在本国之外寻求纠正本国政府侵犯人权的行为。

与生命权、自由权一样，隐私权受法律保护，享受无罪推定，是一项基本人权。《世界人权宣言》第十二条规定："不得任意干涉任何人的私生活、家庭、住宅和通信，不得攻击其荣誉和名誉。人人有权享受法律保护，以免受这种干涉或攻击。"近 20 年后，《公民权利和政治权利国际公约》第十七条重申了此项规定。该公约于 1976 年生效，美国于 1992 年通过。此后，美国还提交了 4 次定期报告。在接下来的 65 年里，个人隐私权在各条约、国家宪法、区域性法规和各国立法上都得到了肯定、保护和确认。美国对现代人权保护起了推动作用。人权文书和机构及其履行为人权提供了保障。

个人信息的隐私和保护为自主、自决和尊严提供支撑。这些日子以来，谣言逆势而上，认为隐私是一种模糊概念。这种软弱无力的攻击不清楚隐私的实际含义，且滋生了怀疑的迷雾。

恰恰相反，对隐私权的保护已深深扎根于现代民主国家的法律和制度中。此外，人们对隐私具有强烈的切身体会，一旦隐私被废除，人们就可以清楚地感受到。说一个人不理解隐私，就像是说他不理解自由、自主和正义。然而，人行道上的行人很难给隐私找出一个教科书的定义，但他们可以很容易地提供一些自己的隐私受到侵犯的例子，除此之外还能描述失业、当众羞辱和声誉受损所带来的严峻现实后果。隐私是一个概念，而不是一个扳手，但这并不会降低它对我们的重要性。爱是另一个抽象概念，而我们对其赋予了深刻、持久的价值。

在传统上，美国法律承认了四项侵犯隐私权的行为：对独处权的侵犯；公开披露私人事实；歪曲报道；将个人信息用于商业途径。现代数据保护和隐私法包含核心要素，有时也被描述为"公平信息处理条例"，规定了收集和使用个人数据的权利和责任。

每个人都必须拥有并控制自己的个人信息。

在《世界人权宣言》颁布的 25 年之后，美国继续引领全球个人数据和隐私保护的步伐。随着大规模电脑化时代的开始，美国认识到了收集和操纵大量个人数据的潜力。1974 年，美国通过了《隐私权法案》，鼓励全世界出台保护个人数据和隐私的法则。因此，在随后的几十年至今，法律界和执法界开始了一轮令人印象深刻的点名式行动。今天，已经有超过 100 个国家进行了数据保护和隐私权立法。广泛传播的不仅是对隐私和个人数据的保护，还有对加强现代隐私权的广泛认同。

在接下来的 40 年里，全球对隐私保护的趋势持续加强，但曾经走在前列的美国却背离了这一趋势。1974 年《隐私权法案》仅覆盖了联邦公共领域的一部分。由于信息、通信技术及整个社会的进步，其他国家已经采用并修订数据保护和隐私立法，使其涵盖私人领域和其余公共领域。但美国并没有跟上这一发展步伐，其结果是美国公民的个人资料受到的保护少于大多数国家的公民。具有讽刺意味的是，当美国公司在具有广泛基础的数据保护和隐私法律的国家经营时，这些公司会对该国居民提供比美国人更高层次的个人数据保护。欢乐地挥舞着指挥棒、引领隐私队伍前行的游行大礼官，最终却退到了队伍末尾，还试图不引人注意。但那鲜艳的红、白、蓝相间的制服使它无处遁形，而且它在队伍末尾完全孤立独行，大量吞噬个人数据，导致越来越多的恐惧和憎恨。例如，在美国，医疗信息是数据经纪人的高价值数据。它是医疗机构、保险公司、雇主、公司和其他任何人以微博方式购买、出售和交易的物品。

人权具有普遍性、不可分割性、相互依存性、相互关联性和不可剥夺性。在权利的宫殿里有许多房间，而人权并不比其他权利优越。尽管如此，我认为隐私是一项基础人权，协助我们获得其他权利，如行动自由权、结社自由权，这对政治话语权和宗教崇拜权非常重要。

正如我们防范那些压制言论的措施一样，我们也应该担心如果每个人的所有行动都暴露在强光照射之下时，对公众参与权、话语权和结社权所产生的冷却效应。更令人痛苦的是，个人对自己的信息产生、收集、使用、使用目的、接触权限和语境既没有控制权也没有知情权。如果人们担心自己的行动、人际关系和结社终生受到侵入式监控，甚至对自己的个人信息内容都不知情，那人们会不会因此不愿再与他人交流？现实的状况总是令人寒心的。

和捍卫自由和自主权免受暴政和压迫一样，如何最好地实现对个人数据和隐私的保护，使其免受掠夺的必然破坏，并配备相辅相成的法律手段、技术设计、标准和规范？世界范围的法律和机构主体已经存在。滞后之处在于实施和执行。这是任务比较容易的部分，因为法律框架已经到位。就增加立法而言，美国通过全面联邦立法以保护个人数据和隐私肯定是最大的变化，美国向领导角色的回归是受人欢迎的。印度已经出台了法案，此法案将为超过 10 亿人的隐私提供保护伞。而中国所面临的情况也很复杂，但如果成功，则是对另外 10 亿人的保护，这使其成为有吸引力的挑战。

同样，隐私增强科技层出不穷。但是，当技术开发团队接受功能性标准时，隐私往往会被一再忽略。将隐私纳入技术参数，设计师就会将其实现。ISO 27001 系列及很多其他隐私和安全标准具有指导作用。已经提到的还有一些社会和经济规范。

下一波技术浪潮物联网已经在侵袭隐私的海岸。在无处不在的信息环境中，电脑运算普遍存在，不论无机与有机，不论固体、液体还是人们呼吸的空气。一些吸入装置停留在室内，还有一些则出现在户外。在这个充满了可摄取物、可移植物和因人而异的营养品时代，人类比以往任何时候都更重要。在已经收集的初期大数据的背景下，保持匿名，去除识别信息并避免被重新识别明显变得尤其困难。个人对自己的个人数据的控制权变得越来越重要。

大部分信息活动都发生于人类的知觉和瞬间感知之外，这无关紧要。躺在病床上失去知觉的病人与正常人一样，有权享受同等权利和隐私保护水平。

最后，我们回到了起初，回顾我们始终知道的道理，即隐私权是一项基本人权。每个政府、公司和个人以及所有其他非国家行为体都有捍卫隐私的义务。隐私保护是存在的，艰难的工作已经完成。但在实施和执行中存在严重的失误。隐私对个人很重要，对民主社会及其维持生生不息的公民参与和社会、经济话语更加重要。个人信息的所有权和控制权必须属于个人。这一原则可以通过技术得到加强和实施。随着个人信息的扩散并变得无所不在，坚持这一标准的需要就变得越来越急迫。

探索之旅的尽头，

就是我们的启程之处。

我们会第一次了解这个地方。

摘自 T.S. 艾略特（T.S.Eliot）的《四重奏》（*Four Quartets*）

PRIVACY IN THE
MODERN AGE

无界限的问责制：批量数据存储、抢先监控和跨大西洋数据保护

克里斯蒂娜·伊里翁（Kristina Irion）[①]

在当今的互联网传播中，创新已经成为互联网创始人和美国政府送给世界的礼物。互联网的兴起吸引了乌托邦式理念的出现，即自由无国界的网络空间和服务于国际用户群体的人造全球生态系统。最早的商业化到现在盛行的国家监控已经极大地暗淡了乌托邦的光泽。

互联网曾经被预言将超越民族国家的界限，但其无国界的本质实际上已经使一些国家在进行民众监控时得以超越国界，在全球范围内影响用户。《国际人权法案》和新兴的互联网治理原则在保护用户的隐私和通信的保密性上还没有足够的权威性。

西方民主国家已经踏上了监控民众的道路，目的在于打击犯罪并维护国家安全，这已经或多或少是公开的事实。虽然各国采取了不同的方法，这反

[①] 克里斯蒂娜·伊里翁是中欧大学公共政策系副教授，媒体与传播研究中心公共政策研究室主任。

映了政治和意识形态的差异，进行大众监控的国家经常提出宪法兼容性的问题。除了达到公共安全和隐私之间的平衡之外，系统监控有可能从内部侵蚀民主。[①]

本章的重点是欧洲和美国大众监控的安全防护措施和问责性，以及这些会对跨大西洋关系造成哪些影响。本章讨论了国家政府机构的制衡体系是否依然足以应对监控能力的增长和全球化。缺乏国家层面的防护措施和问责会导致跨国监控的恶化，也会导致国家之间的不平衡，而这正是在大众监控上产生的跨大西洋裂缝的核心。本章最后简要总结了如何减少监控的建议。

从定向监控到大众监控

作为一项卓越的技术，传播贯穿于当代生活的各个方面，因为它满足了人类的社交和与人交往的需求。除了电子通信的实际内容，元数据[②]和日志文件通常都是可获得的副产品，可用来重建某一通信事件发生的场景。国家对通信内容和元数据的正当干涉机制被称为"合法"窃听权威，这可以进一步分解为情报权和执法权。

由于多种技术和思想的飞跃，监控能力可以得到指数级的提高。电子通信窃听技术现在已经成为能够轻易实现的目标，因为对大量电子通信进行获取、复制、存储和分析在技术上已经变为现实。同时，互联网流量与线下的政治地理并不一致；网络上的地势重力反而朝西方国家尤其是美国倾斜。令

---

① 欧洲人权法院（ECtHR）认为："以国家安全保护为目标的秘密监控体系可能会借保护的外衣损害甚至破坏民主。"

② 在美国术语中，元数据指"通话详细记录"（CDR）；在欧洲，元数据指"通信量数据"。

人大伤脑筋的是，核心基础设施和大众在线服务、国际通信都是监听的特别对象。

在反恐和打击犯罪监控的大背景下，意识形态似乎已经随着技术决定论有所演变，可行性决定策略。抢先监视①和批量数据存储②这两种新策略已被添加到"合法"拦截的武器库中。这两种策略针对的是所有普通用户，这标志着定向目标性监测在数量和质量上的转变。

大西洋两岸通过授权跨国监控的立法可以反映出这种趋势，尤其是 2008 年美国的《外国情报监控法修正案》和英国、瑞典、法国、德国的国家情报法。根据国际新闻媒体透露，美国和英国都在大规模收集电子通信的上游数据，而其他国家还没有这种可与之相提并论的能力。

达到可问责标准的新监视

在 2013 年通过的"数字时代的隐私权"决议中，联合国大会申明，基本权利并不因网络而缩减，包括隐私权。不论是真实发生还是存在挥之不去的威胁，只要个人感觉到了监控的存在，大众监控就会对隐私权构成尤为严重的干扰。隐私权具有支撑其他基本权利和集体自由实施的功能，特别是言论和集会自由，这些权利是民主功能的共同支撑。

民主国家对基本权利的尊重已经要求对进行监控的国家划定大量限制边界，以及针对过度使用和滥用权利的补充防范措施。欧洲政策研究中心在最

---

① 抢先监控涉及了根据相对广泛的参数对电子通信或相关数据进行的收集，目的是通过随后的分析来探测国家和 / 或公众安全所面对的危险。

② 批量数据存储是在一段时间之内保留数据的方法，这样就可用于主管部门对电子通信的追溯调查。

近发布的一份报告中解释说："区分民主国家和极权国家的核心正是监控的目的和规模。"

此外，国家行动处于民主合法化的限制之中，这是为什么要坚持精确监控任务，也是为什么坚持有追溯措施以使主管部门对其行为负责任的原因。对基本权利的保护和民主问责共同成为了解释国家层面的监控应该嵌入严格制衡的强有力理由。

每个国家都有其独特的宪法保护制度、保障措施和正当程序要求，这些都是监控措施必须遵守的。然而，这些制度安排在能力受限的定向监控语境中发生了演变，同时，情报工作是在同样保密的监督机制下实施的秘密事项。大众监控已经是这些制度安排的内在部分，尽管其发生的场合各不相同，但也不会产生重大修改。

抢先监控和系统监控在质量和数量上都超过了定向监控的情况。各国义不容辞，应该下放新权利，对这些授权工作进行修正，以符合国家宪法和国际人权法。2014 年，互联网治理的未来——全球多利益相关方会议（NETmundial multi-stakeholder meeting）决定："在通信监控的程序、实践和立法上，他们对个人数据的拦截和收集，包括批量监控……应该接受以捍卫隐私权为目标的审查。"

这将涉及对想当然的情报范式进行重新讨论，如与大规模监控程序相关的保密、自由裁量权和国家安全豁免①，这只是其中的一小部分。

最终，电子监控的合法性与政府问责相关联的经典制衡配置日益交织。联合国大会在 2013 年通过的决议中呼吁："各国建立或维持其国内现有的独

---

① 欧盟第二十九条工作组认为："并没有自动推定认为主管部门的国家安全争论存在且有效。"

立、有效的监督机制，这一机制应能够确保视情况而定的透明度，以及政府进行通信监控、私人数据拦截和收集的问责。"

各国应负起责任来，不仅要提供保障，还要提供与国家干涉基本权利的危险和民主机构的风险相对应的透明度、监督和问责防护措施。

透明度

从最基本的层面来看，透明度必然是正当的，因为法令理应阐明范围、界限和监控权利的后果[1]。然而，如果未接触附带但保密的解释[2]，通常不可能从法规命令中明确推断出这些信息。许多情况下，在公众眼中监督部门的确切含义依然是抽象的，除非它们成为头条新闻，才会传达一个更易懂的版本。

法律确定性的另一面是，法律中的广义术语实际上可能并不包含监控权利，但会不自觉地促进其扩张。比戈（Bigo）等人曾指出："近年来，立法落后于监控实践中所体现的技术进步，还停留在为窃听等传统情报技术设计的水平上。"

透明度是问责的前提，但并不是关键任务，应该揭开覆盖在整个国家情报机关实施的电子监控项目上的秘密面纱。[3]知道地毯式监控方案的存在并不等同于让步，因为它也会用于定向监控。相反，民主社会应重新考虑保密的

---

① 在欧洲，欧洲人权法院认为，"可预见性"是法律的先决条件。

② 例如，在监控权利缺乏官方解释时，《外国情报监控法》2008 年修正案第 702 段对此权利的法律论述经常会含糊地认为错误或夸张而不予考虑。

③ 对欧洲标准来说，对数据存储法律的阻力类似于集体诉讼：11 128 名奥地利人曾提起诉讼；34 939 名民众提起诉讼，反对德国数据保护法律。

大致轮廓，因为公众为国家安全作出的牺牲必须对选民保持透明。

正当程序和公平信息处理条例衍生出了一项原则，即当私人数据被提供给情报工作时，个人应得到通知。发布年度电子监控统计数据应该是没有争议的，年度数据应针对其范围、规模、来源和影响提供易获得、有意义的信息。

监督

在国家层面，对监控权利的监督不是静态的，而是一个随着新需求的出现不断发展的概念。例如，现在大多数国家已经普遍接受议会和／或司法对国家情报机构的活动进行监督，但对一些国家来说，这还是一个相对较新的进展。各国对监督的管理存在很大差异，但也具有共同结构要素，如内外部监督与民主问责的结合。外部监督机制的效率仍然是值得关注的问题，原因往往是缺乏独立性、能力、资源，甚至信息。

此外，大规模电子监控要求在监督上出台与相关数据保护标准一致的新法令。欧盟数据保护机构大会认为：

有效、独立的情报服务监督指的是真正参与数据保护的机构。[……] 此处的"监督"应包括由独立机构对数据处理操作进行完全独立的检查以及有效的执行权利。

即使数据保护部门不会发挥设想的作用，监督也必须覆盖电子通信监测中的数据收集和处理所使用的系统和方案。

独立的司法监督和可用的司法途径继续在电子监控环境中坚持法治。除了国家法院之外，分别设于斯特拉斯堡（欧洲人权法院）和卢森堡（欧洲联盟法院）的两家欧洲最高法院目前对电子监控工具的裁决相当频繁。它们的案例法分别覆盖了抢先监控和通信元数据存储，还有两例关于瑞典和英国电子批量监视的案例尚未裁决。两家法院都强调"防止滥用的适当、有效保证"和"实质性或程序性条件"的作用，将对基本权利的干扰限制在必要和适当的范围内。

问责制

问责制是政府、隐私保护的有效货币，其利益汇聚于电子通信的国家监控上。在制度层面上，问责制要求组织采取适当和有效的措施以确保其内部运作符合有关法律和程序。对于有能力进行电子监控的权力机构，采取内部问责制应该是根据法律赋予它们授权的明显结果。然而，不能将问责视为内部事务，在必要时需要证明，且能够接受核查。因此，问责制与内部检查和外部监督相联系。

在问责制上，独立监管机构之间存在一些惊人的相似之处，如能源监管机构和中央银行，以及那些有能力进行电子监控的国家机关。在这两种情况下，国家将职权下放至某机构，该机构对政府享受特殊待遇，这需要一个更复杂的组织在保护该机构的地位和授权的同时，确保其对公众利益、国家宪法和全面民主负责。

在民主国家中，通过换届选举产生的政府对公民负责，包括国家监督。不可否认的是，民主问责制是一个宽泛的概念，其中监控问题和其他重要政策相互竞争。尽管如此，监控触及了国家和公民之间的原则关系，在一些国家中可能成为党派意识差异的前提。对于全球用户群体来说，除非间接通过当地选民代理人选举，否则，民主问责制无法实现。

大西洋两岸的监控不对称性

在过去十年中，多个领域的跨国监控已经对欧盟和美国的关系产生了考验。[1]2013 年，国际新闻媒体对美国和英国的批量电子监控程序的报道以及频繁的跨大西洋情报合作达到了新的高潮。虽然国家安全不属于其职权范围，但欧盟在捍卫欧洲居民的基本权利，保护其免受美国监控的问题上陷入了困境，因为多个欧盟成员国，如英国、瑞典、法国和德国都涉及了不同程度的大众监控。

涉嫌不受限制的电子通信监控对欧洲公民基本权利的严重侵害使欧洲机构尤为震惊。对美国的《外国情报监控法》（FISA）第 702 条的解读得出的结论是，该法允许对经过美国的国际通信和居住在美国境外的非美国公民进行无授权的窃听。然而，德国、瑞典、英国等多个欧盟成员国也采用了类似途径。

本国和国际通信的差别是电信业的传统，当时这是一个简单的操作。政治地理学在公共交换电话网络中根深蒂固，但这已不适用于分散化的互联网流量。通过保持国内外通信的差别，国家监控可以在范围上巧妙地与大众监控能力同步扩张。在实践中，这种区别是很难维持的，这对保持监控原封不动的基本原理提出了质疑。

这导致了美国和欧洲的关键差异，如在国际法庭对区域性人权的超国界保护上的区别[2]。《欧洲人权公约》（*European Convention on Human Rights*）保

---

① 以全球卫星窃听系统 ECHELON 为例，该系统提取了机场记录中前往美国的旅客姓名，并利用了环球银行金融电信协会在美国恐怖分子融资跟踪系统中的数据。

② 注意：欧盟基本权利宪章同时认为每人均享有隐私和数据保护的基本权利；然而，欧盟成员国的监控法律不受欧盟管辖，因此使用审查机制。

护欧洲理事会的成员国领土内所有人的通信隐私。设立于斯特拉斯堡的欧洲人权法院复核了成员国的行为与公约的兼容性，其对欧盟内监控法律的法律审判规程为各国法律的合法性提供了一个较为丰富的参考框架。但与此形成对比的是，欧洲没有保护公民免受美国监控的机构。

欧盟政界正在探索一系列广泛的策略，目的在于重建对欧洲公民的多种网络基本权利的尊重。在多次讨论会上，跨大西洋对话持续深入，旨在达成双边协议并恢复《欧盟—美国司法协助协议》(*EU-U.S Mutual Iegal Assistamce Agreement*)。国际法虽然具有吸引力，但可能不会带来需要的变化，原因很简单，它并不能对现行的《国际人权法案》进行补充完善，国家安全免责条款可能会对其非常抗拒。

在欧盟层面，通用数据保护框架限制个人数据从欧盟向非成员国转移，在电子监控的风险之下，这可能会受到进一步限制，限制程度或可达到禁止以国家安全为目的传递个人资料。就处理这类数据的组织而言，这将主要引发法律冲突，例如在商业背景中。也有多种方案探索欧盟服务项目规避美国监控的可行性，如认证电子邮件服务、欧盟优惠路线选择和欧洲云法规等。

在政治之外，互联网通信和服务中的信任缺失呈现出了其本身的发展动态，其中公立和私立机构都越来越不愿承担风险。如果政府云计算是一个很好的指标，那么为了避免国外情报收集的法律风险，机构会改变信息科技服务的获取策略。当然，也有迹象表明，互联网用户越来越接受加强隐私的技术，如匿名浏览和加密。当外交无法解决监控问题时，经济因素就会成为真正的压力。

监控社会和透明的人

杰夫·乔纳斯[①]

不可抗拒的监控社会

　　监控社会是必然的，也是不可逆转的。更有趣的是，我相信监控社会也终将被证明是不可抗拒的。这一变化不仅是由政府推动的，而且还主要是由普通消费者驱动的。我们急切地接受越来越多的不可抗拒的商品和服务，但往往并不知道我们的哪些个人信息已被收集，也不知道这些信息的最终用途是什么。我们已经踏上了这条旅程，现在是时候接受"通过设计保护隐私"（Privacy by Design，PbD）的原则，正如我们创造了新的传感器、技术原理和未来的系统一样。

---

① 杰夫·乔纳斯是一位 IBM 公司的研究员、语境计算首席科学家。

监控（Surveillance）本身不一定是坏事。"Surveil"这个词的基本含义是"看"。过马路之前，你需要通过监控来决定是否安全。监控是我们被告知的一种手段——这是进行更好决策的重要因素。过马路时，人们用眼睛和耳朵来收集数据，以满足其评估交通状况的需求。和行人非常相似的是，组织也通过收集数据来评估机会和风险。人们依靠监控生存，这种方式类似于组织依靠监控来竞争。

当然，违法的、违反合同协议的，或属于社会规范之外的监控都是不恰当的。大多数人都会同意，使用安装摄像机的四轴飞行器来秘密记录一对夫妇的私人野餐并不是正当监控。同样，机构在未事先通知客户且未得到客户允许的情况下秘密收集客户信息也属于不恰当的行为。

幸运的是，大多数组织并没有私自收集信息。这是因为他们不需要这样做。碰巧，大多数消费者都不阅读使用条款。产品看上去越吸引人，消费者就越不关心其使用条款。如果想要证明，检查一下你最近使用的免费电子邮件服务中的使用条款，便能找到"服务供应商被授权在全球范围内使用、复制、修改、沟通并发布你的通信内容"之类的文字。公司能够提供免费产品（如电子邮件、社交网络、存储，图片组合托管）的业务可行性仅仅在于它们能够得到什么，以及从中受益并采取行动的自由（如定向广告）。

所有类型和规模的组织都很快认识到，如果它们希望保持竞争力（和业务），那它们就必须拥有更多的信息，并尝试了解这些信息。组织查找的数据越多，它们使用的监控就越多。

扩大中的观测空间

暂时将机构的信息净总量想象为可用的"观测空间"，将机构虚构值得获取的新信息的过程看成"扩大观测空间"的过程。

希望接下来优先获得哪些信息是由以下几方面的兴趣驱动的：（1）寻找新客户；（2）更好地服务现有客户；（3）降低风险，如欺诈检测；（4）其他效率，例如，更快捷的路径选择以减少燃料消耗。有趣的是，大多数组织并没有利用其已有的数据。因此，一个组织寻找更多信息的第一个地方是其自身内部。然而，许多组织最终会认为他们下一步需要的是外部信息。

对于扩大观测空间来说，向数据垄断组织购买信息是一项长期存在的常规商业行为。在出售广泛可用的汇总数据的机构中，信用报告机构即使不是最佳选择，也是优先选择。《公平信用报告法案》（Fair Credit Reporting Act, FCRA）随之出台。《公平信用报告法案》是美国较好的隐私法之一。不幸的是，此类消费者保护仍只限于信用报告机构。今天仍有相当数量的组织正在收集不受《公平信用报告法案》之类法律保护的消费者保护数据。然而，我们只是处在更大的监控和信息共享力度的风潮浪尖。我们想到了两种新兴潮流趋势：（1）物联网；（2）你的朋友无意或疏忽传递给你的个人资料的动态。

物联网尚处于蹒跚起步阶段——手机便是其早期的例子。之后出现了装载实时跟踪系统的汽车，允许别人通过卫星定位在一定距离之外将你的车遥控解锁（大约在 2000 年）。让我们把时光快进到今天。今天，我们可以看到恒温器和浴室秤等数据都被收集到空中传递的大数据库中。在不久的将来，这些环境传感器的组合不仅能显示你是否在家，还能展示你在厨房停留的时间——是在炉灶旁边还是在水池旁边。如今，上述讨论的事项正在发生，并与有价值的新产品和服务有关（例如，监控一位独居老人的生活安全：晚上他们已经躺在床上睡觉，但炉灶却还开着）。

随着消费者接受的不可抗拒的产品越来越多，他们交出的个人信息也就越多。那些变得更聪明的机构承担了这项业务。这是一个自我强化的循环。好消息是，如果一个组织直接从你身上收集你的信息，你一定会收到通知……你很可能会同意（你检查复选框时都没有留意那些小字）；坏消息是，通常，获得更多个人信息甚至不需要通知你，已经有第三方准备提供你的信息。一个简单的例子就是财产所有权，这已经列入公共记录。一个更微妙的第三方信息来源是你的朋友。假设你是我的好朋友，我向你透露了我的公共、私人邮箱和电话号码。你将这些信息记录在电子通信录中，以备快速查找。当时我并不知道，因为你并没有打电话征求我的意见，你将你的电子通信录上传到了5-10个社交网站上——你很喜欢其中的一些网站并将继续使用，同时放弃了另一些对你来说没有什么用处的网站。你认为你可以列出你已经同意上传通信录的所有类似网站吗？大多数人不能。

当然，行为规范的社交媒体网站会在上传你的地址簿前征求你的意见。同时，其中一些网站如果不首先放弃你的全部通信录，就难以从它们的系统中获益。如果你尝试在社交网站上与某个特定的人联系，你会发现这些网站中的许多人都没有提供可以输入电子邮件地址或手机号码的选择。这些网站会提示说："上传所有联系人？点击接受。"出于一些充分原因，你的全部地址簿对它们非常宝贵。虽然我建议抵制，但大多数人并不会。结果是，你的名字、电子邮件地址、电话号码很可能存在于数十个甚至上百个不同的计算机系统中。[①]如果你试图找到所有情况下的个人信息，那你注定会失败。你的信息已经被泄露在外……它已经在你的控制范围之外了。

由于物联网和代理方产生了大量与你有关的新数据，这些信息会呈现出向集中式数据库汇聚的趋势。集成信息会带来许多好处，如（从更完整的图片中）更好的预测、更大的成本效益（因为集成数据通常比散布的数据库便

---

① 如果将备份副本算在内，你的信息很容易地存在于数千个位置上。

宜很多）。云计算的快速应用——其中许多大型的集中式数据库正在出现——正是出于这样的原因，数据库变得更智能、更便宜。至于你的信息在汇集后将会激增，这会使得未来隐藏这些数据变得尤为困难。你将会变得更加透明，不管你是否愿意。

透明的人

"透明度"一词通常用来描述某组织对其活动的公开程度（如美国的《外国情报监控法案》的法庭程序和裁决）。全方位的透明度正在提升。特别是最近几年，虽然政府机构的行动正在逐步向公众公开，但你自己对他人也变得越来越透明，而且速度甚至更快。公司对你的了解能力是前所未有的，一个与你毫无关系的公司可能知道你的住址、人口统计特征、兴趣爱好和联系方式。

随着越来越多不可抗拒的商品和服务融入到你的居所和个人物品中，其中大部分关于你的个人信息就会进入他人拥有并掌控的集中综合数据库中。未来，秘密的维持会变得越来越难，不仅仅是你的秘密，还包括别人的秘密。

未来趋势

被收集的信息会越来越多，信息流动规模也会越来越大。而我们本人也很可能会快速推动这一发展，因为个人利益的重要性超过了任何不利影响。在加强监督方面，我们所处的位置决定了监督的发展方向。那么现在该怎么办？

从宏观的角度来看，我们希望加强民主进程、监督和问责制，希望出现可以信任的领导人和机构。在这方面，全球范围内还有很多事要做。

从微观角度来说，我们可以通过设计保护隐私（PbD），包括但不限于隐私增强技术（Privacy Enhancing Technologies，PETs）。[①] 不论我们是在设想新型传感器、智能算法或是新产品，现在都需要思考降低未来误用或伤害的系统设计方法。例如，铅笔通常用于好的方面。但有一个坏人经常使用铅笔来制订邪恶计划，这并不能成为禁止使用铅笔的理由。尽管如此，我们发现造成伤害的是铅，所以现在的铅笔用石墨制成，而不是铅。这些铅笔具有同样的功能，但在设计上可以尽量降低危害。在物联网、大数据和分析时代，以下是一些关于设计保护隐私的案例。

防篡改审计日志

防篡改审计日志有时被称为"不可变更的审计日志"，这些审计日志记录系统记录事件的方式是不能更改的，即使是数据库管理员本人也无法隐藏其行为。例如，执法部门已经合法收集了一些与调查有关的信息，但是有人要求数据库管理员从中搜索与他前妻相关的记录。此类的搜索记录会被防篡改审计日志全部记录。尽管数据库管理员具有访问特权，但他无法清除自己进行的未经授权的搜索足迹。日后，如果要确定是否有人滥用特权，当问责和审计部门的人展开调查时，这一证据便会水落石出。

信息转移问责

如果某个组织要将信息从一个系统转移到另一个系统中，则其转移方式应允许源系统记录所转移的信息内容、目的地和时间。许多系统都会跟踪每一条记录的来源，但很少有系统会记录信息的去向。此功能可以使组织帮助消费者充分了解他们的数据发送对象。想象一下银行可以提供一种预览视频，

---

① 正如美国总统行政办公室 2014 年 5 月所讨论的——"大数据：抓住机遇，保护价值"。

详细记录所有个人信息细节的去向。现在，这种设想已经成为现实。信用报告的下方已含有查询部分，列出了最近几个月访问个人信用报告的机构。

个人可识别信息的匿名化 [①]

通常，组织需要从系统中获取个人可识别信息（Personal Identifiable Inforamtion，PII），经过重新整理后将其复制到另一个系统中，再与其他信息结合。例如，某组织可能希望把它的雇员数据与欺诈数据相连接，以根除员工腐败。这样做需要将两个数据包整合成一个新的中心数据包。不幸的是，数据的每一次额外复制都存在更大的滥用风险。在信息转移到其他系统之前，先将个人的可识别信息属性匿名（姓名、出生日期和社保信息），这种方法是其对策之一。这种技术允许组织在进行分析的同时，大大降低意外泄露的风险。[②] 好处在于，如果这个匿名的可识别信息数据库被侵入，匿名数据对敌人不会有多大用处。

数据过期和注释附录

曾有观点认为，消费者应该拥有"被遗忘的权利"——本质上是指赋予消费者摆脱过去的能力。已提出的补救措施包括允许消费者要求搜索引擎供应商压制某些与其本人相关的搜索结果。数据过期和注释附录可以作为替代解决方案。一些数据可能有期限标准，持续时间是预先设定的（如逮捕记录），这可以使所有人均匀受益。多亏《公平信用报告法案》的保护，消费者能够

---

① 这项技术的目标是去识别化，因为每一条记录都可以重新识别，因为每个记录都指向其原始记录。因此，不要将个人可识别信息属性匿名与"去识别"技术相混淆。当某人试图永久地隐藏与记录关联的身份时，会使用"去识别"技术。另外，这也是一项棘手的业务，且已被学术界证明。经证明，轻度去识别的数据如果与三级数据源相匹配，便很容易被重新确定（可以具有一定把握地恢复其身份特征）。重度去识别数据使数据几乎不可能被重新识别，但也可能同时失去一定程度的实用性。

② 同时产生实质上相似的结果。

享受到这些好处，该法案要求信用报告机构在设定的一段时期之后，从搜索结果中删除负面信息（如破产记录在个人信用报告中只保留 10 年）。至于不符合到期管理标准的数据或尚未到期的记录，消费者拥有对该记录追加注释的权利（即注释附录）。这在《公平信用报告法案》中也是有效的，消费者可以申报消费者声明（例如，解释一些逾期支付的账单是出于例外，原因是家庭成员的一次性医疗急救）。不论是否会出台法律允许消费者压制搜索引擎的结果，如数据过期和注释附录等需求的支撑设计（系统和过程）有助于消费者的利益。虽然这些仅仅是从设计着手保护隐私的四种想法，但可以保证的是，还有无穷尽的机会有待被展望和挖掘。但是，有这个必要吗？

有没有必要

可能有人会问，消费者和机构正努力合作测评并分析我们周围的世界，而我们为什么还应该采取行动以建立更好的系统。这是一个很好的问题，但请考虑以下因素。

- 许多机构认为消费者至少会对隐私具有抽象的关注，消费者也许会适时偏爱隐私保护品牌。
- 许多机构认为，监管机构关注隐私，而它们有理由关注监管者。
- 隐私保护技术可以有次要效益，授权消费者访问并纠正他们的信息，可以使信息更加完整、更加准确。
- 一些隐私增强技术也将在品牌保护中发挥重要作用，例如减少意外披露的风险（丢失客户数据）和往往与这些事件相伴而来的负面新闻。

一个更实用的提示是：如果隐私增强技术的价格含在产品的价格之内，

而不是作为独立价格，那么技术的采用会更快。

无处不在的传感器、格外智能的逻辑分析将会改变可计算的对象；商业竞争压力和消费者对不可抗拒的新服务的贪婪胃口，将继续推动这项任务。我们设想这一未来世界，并设计下一代传感器和计算平台的同时，也是实验从设计着手推动隐私原则的时候。在新兴的监视社会中，我们比人类历史上任何时期都活得更健康、更长寿。如果早做安排，引领我们到达未来的系统，能够尽量减少伤害。

12

PRIVACY IN THE
MODERN AGE

匿名需要被捍卫及其理由

哈里·刘易斯[①]

匿名言论权存在吗？应该存在吗？法院已经判定，在某些情况下，第一修正案必须包括个人表达自己而不被发现的权利。美国最高法院在 1995 年的麦金泰尔（McIntyre）决定中推翻了一条地方性法规，认为公民有权分发匿名政治传单。法院使用了以《权利法案》(*Bill of Rights*) 为根据的彻底正当性辩护：

匿名言论保护对民主化进程至关重要。允许持不同意见者掩盖自己的身份，可以使他们自由表达关键的少数意见……匿名是对多数人暴政的掩护。……因此它阐释了权利法案的目的……保护不受欢迎的人……在这个不宽容的社会中免遭报复。

从这个高度看，匿名言论权与美国选举中的无记名投票具有相同的来源。保护不受欢迎的意见被表达的权利高于任何辨别言论者的权利。法院判决认

---

① 哈里·刘易斯是哈佛大学戈登·麦凯计算机科学教授。

为，政治捐款也是言论的一种，有权保持匿名。尽管个别法官持有不同意见，但这与麦金泰尔决定是一致的。

在政治环境中受保护的表达形式在其他环境中不一定也受到保护。最高法院直到 1973 年（米勒诉加利福尼亚案）才明确规定，在一般情况下，色情文学与政治传单同样受第一修正案的保护。或者，也许法院认为，几乎所有的言论行为都可以归政治范畴，所以几乎所有的言论都应受到同样的保护。无论哪种方式，政治言论保护在几个世纪之后才扩展到言论上，这通常被认为是无政治意义的保护。

匿名言论的标准演变处于类似的过程中。我们可以说，匿名垃圾在道德上相当于色情文学——也许具有有限的社会价值，当然有时是有害的，但一般不违法。根据《权利法案》中规定的契约，过度言论控制的风险比有害言论的风险更严重。因此，公民们应该自己决定去看什么、读什么和听什么。

20 世纪 70 年代，电影要求前卫言论形式的出现，今天，网络博客和评论则要求匿名权的出现。现在和当初一样，美国人把宪法第一修正案的权利用于不那么受人尊敬的用途——正如斯卡利亚大法官（Justice Scalia）在麦金泰尔决定中所说，匿名"通过排除问责制助长了错误，而这通常恰恰是匿名的本来目的。"现在，立法机关和公共道德家们正在试图反击。

因此，2013 年，纽约州立法机关的代表推出了"互联网保护法"，这项对民事权利法案的修订并不保护所有言论权或互联网匿名权，而是保护"对匿名网络发帖的"新型知情权。伊利诺伊州也出台了类似议案［如《网络发帖移除法案》（*Internet Posting Removal Act*）］。

因此，新泽西大学传播学教授加里·C·伍德沃德（Gary C. Woodward）认为："作为一种文化，我们似乎忘记了在意见上署名是生活在公民社会的一部分。遮蔽来源的信息无疑是一种欺诈性言辞。"也许的确如此，但在选举中，对于那些在投票站既不佩戴代表民主党的驴党徽，也不佩戴代表共和党的大象党徽的选民来说，他们造成的效果是不是也适用于这句话呢？"就是我周围的一些人"，有人可能会说，"要为选举那个蠢货负责。这群不承认自己身份的懦夫！"

美国保护匿名的传统所依据的更深层次的理由可以追溯到《权利法案》之前。自文艺复兴以来，正义女神一直是盲目的，因为她只是对辩论内容保持公平立场，但并不关注辩论者是谁。事实上，对匿名言论的尊重源于启蒙运动本身，启蒙运动认为观点应该建立在可验证的事实和合理论证的基础上。民选政府相信公民不需要上级权威指导就可以找出最适合自己的观点。

匿名通信在美国独立战争中起到了至关重要的作用。1776 年 1 月，一份翔实的宣传手册在费城公布。该手册"就以下主题，面向北美大陆的人民进行了宣传：政府总体的起源和规划和对英国宪法的简要评论；君主和世袭继承"等。《常识》①（Common Sense）是匿名发表的，因为在当时属于叛国。如果暴露身份，那托马斯·潘恩（Thomas Paine）会被英国当局处死。但这本小册子在当时引起了极大轰动。第一年，《常识》出售了 50 万本，即使没有人知道作者是谁。如果没有这种匿名呐喊，那么七年后美国独立革命在以胜利告终时，也许得不到所需的公众支持。

《常识》是信念对权威的胜利。这是一本人人可以参与讨论并争论的教科书。其目的就是激发情感，但这不是单纯的煽动民心。

10 年后，美国宪法正在等待 13 个新独立的州的批准。美利坚合众国三位伟大的早期人物写下了一些文章，即今天的《联邦党人文集》（Federalist

---

① 托马斯·潘恩著，出版于 1776 年，首次公开提出美国独立，是促使美国从不列颠帝国中独立出来的出版物。

Papers），呼吁通过宪法。他们的作者署名是"普布利乌斯"（Publius），其借用了那位在推翻君主制并成立共和国上具有教育意义的罗马人的名字。他们最初的目标甚至高于为宪法辩护。他们认为，问题在于辩论本身。

[它]似乎已经留给这个国家的人民来处理，他们通过行为和示范来决定重要问题，无论人类社会是否真正有能力通过反思和选择建立健全的政府，或者他们是否永远注定要依靠事变和武力来争取他们的政治宪法。

作者选择匿名的原因并非出于像潘恩匿名发表《常识》时的恐惧。他们是受人尊敬的公众人物，而且当时战争已经结束。他们之所以选择匿名，是因为如此一来，他们的观点得以传播开来的原因便会是理性的力量而非迫于权威。通过以罗马人的假名来共同写作，作者便可以代表共和国普通公民的声音。但在更深层次上，他们使用匿名也是一种对人类理性的诉求。因为作者并没有透露实际权威而选择匿名，其对于授权普通民众抵抗世袭权力的呼吁便更为可信。

这是匿名的最好状态：让语言宣传自己，而非作者。一位著有大量文章的维基百科编辑阿德里安娜·德维茨（Adrianne Wadewitz）进行过一项现代确认实验，她决定放弃自己的无性别假名并以此看公众的反应。"哦，你是女人"或"你不能真的成为一个女人"或"你不要像个女人一样写作"她的维基百科同事便开始抱怨。"突然之间，我的论点便不被认真对待或被认为歇斯底里或情绪化。"她说道。

匿名是权威的敌人，包括某些国家的独裁政府。作为一个强大的组织和信息传播工具，Facebook被用于宣布反独裁政府集会，汇集揭露政府暴行的新闻报道。但Facebook是一个实名网站，存在成为制度工具的风险。这一问题得到解决的途径是将重要抗议页面放置于美国的真实人物名下，并将其登录信息秘密传递给独裁统治区的人们，但是使这个网站可访问且有力量的技术也使得这个网站更容易受到攻击。

所以，匿名言论至今仍然对恐惧的异议者和反独裁主义者非常重要。匿名需要被捍卫的理由从未改变过：保护那些不受欢迎的观点的言论权。

但一些在线匿名的发言者是不需要真正保护的懦夫，他们只是想充当隐身的地痞和恶魔。缺乏理性基础的匿名言论没有任何可信度。新闻作家丹·吉尔默（Dan Gillmor）对多种形式的媒体进行了信用评级。在他的评级中，匿名评论的可信度为负数。匿名言论的正确对待方法是不判断对错，在被验证之前都将其视为虚假信息。

根据吉尔默的原则，殖民地的人民应该对潘恩的小册子持怀疑态度吗？当然，《常识》的天才之处在于其超强的说服力，它使读者对其信用评级由负面改为正面。

如果言语是心灵的食物，那么懒惰、懦弱、匿名的在线言论都需要被视为比零卡路里更糟糕的事物——其中一些言论更像是一种潜在的毒药。

当然，在线言论不会自带营养标签。Facebook 中的"点赞"和 Google+ 社交网站都是对言论创造有营养的价值标签的初步尝试。但对于那些只是表明他们进行了"点赞"的按键族，我们应该相信他们的集体判断吗？更微妙的是，在线评论的维基百科式审批系统层出不穷，但这些工具却还有很长的路要走。

事实上，在编程和法律上为匿名抗争的战斗正在进行中。并不是每个系统都有正当的设计理由，在鉴定用户的同时也需要识别用户，但是这两个概念一般都会被设计在一起，好像它们是不可分割的。对在线匿名言论的保护要求验证系统只能在具有详细规定的条件下才能透露自己的用户身份。

同时，受过良好教育的人经历了批判性思维的艺术训练，有责任保持怀疑并教导他人秉持怀疑态度。网络空间中充满了未经编辑的低价值内容。孩子们应该学会忽略网络上的匿名内容，并对他们实际阅读的内容保持批判性和冷静。值得尊敬的人和自由的人在其自身有能力时，是会对自己的言论负责的。

但有些时候，他们没有这种能力。所以，我们不能完全忽略匿名言论，因为这样可能会错过一些内容。而且尽管我们可能会对读到的任何东西有所怀疑，但它们反过来也会影响我们。在对照实验中，一篇文章的观点取决于评论的要点。对同一篇文章的积极评论，往往会比消极评论更容易让读者认为此文更正面。

心理学认为，尽管人类经历了启蒙理想主义，但其本身并不是理性的机器人。在进化史上，他们曾经的非理性本能可能意味着生存与死亡之间的差异。科学启蒙和民主的公民机构不得不由非完全理性的人掌控。

在自由社会，对匿名言论的挑战在于，认知上有缺陷的存在该如何依靠理性统治生活。在有能力的时候，发出自己的声音是公民生活的责任之一，人们只有在他人的匿名可以被理解的情况下才会认真对待匿名言论。"言语永远无法伤害我"这句格言已经过时了，因为言语提高了人类对霸权的认识并让人类伤痕累累。但是，对公民的重要性论述要求我们拒绝被阴影和幽灵所威胁。在不将自己从社会话语的丰富性中隔绝开来的条件下，我们的推理能力足以支撑我们面对匿名垃圾和欺骗吗？

这是对民主言论的一个重大挑战。如果我们不知道对方的身份，那我们怎么知道该相信谁呢？如果没有发达的过滤器，那理性规则就会让步于暴民统治的虚假民主。

在民主国家，过滤工作不能由政府承担。在美国，反匿名法规在政治上很受欢迎，但大多数迟早都经不起合宪性测试。只有信任公民自己来决定什么该被忽略，什么该被重视。匿名太重要了，不能被放弃——但我们必须教会下一代如何与匿名共存。

13

PRIVACY IN THE
MODERN AGE
未来发展方向：密码学

安娜·雷相斯卡娅 [1]

在过去的一年里，我们听到了不少关于社会是否应该放弃隐私的争论（此处的隐私包括我们的通话记录、网上交易和出行信息），为了满足美国国家安全局等机构跟踪恐怖分子的需要，或是仅仅因为我们生活在一个电子世界里，隐私本身就应该为便利或其他更重要的目标作出牺牲。

实际上，另一个问题可能会更能够直达病灶，即执法机构如何在不损害守法公民隐私的前提下跟踪恐怖分子？更笼统地说，我们怎样才能在不牺牲隐私的情况下从数字时代中受益？这至少在理论上是行得通的。首先，我将重点谈论美国国家安全局，因为如果跟踪恐怖分子的理由都不需要我们牺牲隐私的话，那么我们肯定不需要因为其他任何理由牺牲隐私！我不准备谈如何在政府能做和不能做的事情上划定法律界限；相反，我想让大家关注一大批技术解决方案，在这样的法律界限范围内，这些技术将保证执法行为和国

---

① 安娜·雷相斯卡娅是布朗大学计算机科学教授。

家安全计划做任何事情都不会越过权限。

例如，我们了解到了一个令人震惊的事实——多家电话公司已经向美国国家安全局提供了客户的全部呼叫记录。美国国家安全局索要所有这些记录的原因之一（即使他们真正感兴趣的只是少数条目），是因为他们必须对监控目标的身份保密，以确保他们对政府的兴趣不知情，同时，国家安全局也不相信电话公司能保守秘密。虽然国家安全局收集所有此类数据，但政府告诉我们，根据《外国情报监控法》（FISA）法庭颁令规定，国家安全局的分析师只能通过一定数量的总路优化程序系统（hops）查询与恐怖嫌疑人有关的个人信息。其他的所有信息都应该保密，但是这要求我们依靠政府来保护这些巨大的个人信息宝藏。

然而，我们并不需要依靠政府来保护我们的数据。美国国家安全局的分析师或许已经获得了完全相同的信息（即目标对象及相关人员的电话记录），同时，既没有泄露目标的身份，也不用下载全部呼叫数据！事实上，使之成为可能的计算机协议已经是众所周知的。这种情况是安全双方计算问题的一个特殊案例，其中双方——电话公司 A 和政府机构 B——以这种方式合作，一方面，B 获得其需要的 A 方数据，而另一方面，A 对 B 的关注对象并不知情。

安全双方和多方计算是由姚期智（Andy Yao）在 1982 年提出来的，这是一个应该广泛使用的、很好的工具。经过几十年的理论研究，2008 年，这一工具第一次大规模投入使用：为了在定价方案上达成一致，丹麦的甜菜市场参与者利用了安全多方计算。之前在丹麦，每年给甜菜定价都是一个令人头疼的问题，因为参与者都不相信对方所提供的关于产品内容、生产量以及消费量的信息，但是安全多方计算允许他们根据其私人信息计算价格，而并不需要将这一信息透露给对方。

自 2008 年以来，越来越多开始进行安全双方和多方计算的软件工具得到了开发，使这一工具的使用成为现实。例如，在 2014 年，国际电子电气工程师协会（IEEE）安全和隐私研讨会上，一篇由帕帕斯（Pappas）等人合著的会议论文——《Blind Seer：可扩展的私人数据库管理系统》（*Blind Seer：A Scalable Private DBMS*），提出了一种可以供国家安全局马上使用的现成软件系统，这一系统对下载和存储所有呼叫数据无疑是一个极大的推动。相反，如果由电话公司管理 Blind Seer 数据库服务器系统，那么这家电话公司愿意合作但并不能获得政府的目标对象的信息，Blind Seer 会以加密形式存储数据。美国国家安全局可以查询数据并找到所需要的记录，方式和效率几乎与未加密的数据库相同，而数据库服务器并不掌握这些查询或其任何检索结果。

令人兴奋的理论成果比比皆是。例如，一篇在 2014 年国际密码学会会议上由 Boneh 等人发表的文章——《完全同态密钥加密、算数电路 ABE 和集中篡改电路》（*Fully Key-Homomorphic Encryption，Arithmetic Circuit ABE and Compact Garbled Circuits*）指出，这种情况下的安全解决方案至少在原则上是极为方便的：政府机构 B 只需向电话公司 A 发送软件，即可复制 A 所拥有的电话记录并传回 B 所需要的结果（以加密形式），A 不会知道 B 在寻找哪些数据对象，B 也不会查看任何没有法庭颁令或授权等正当法律权威授权的信息。

这些论文中所描述的研究都是由美国政府资助的。更有趣的是，其资助机构是美国情报界（IC），资助形式是情报高级搜索项目行动（the Intelligence Advanced Research Projects Activity，IARPA）项目。IARPA 项目隶属美国国家情报总监（Director of National Intelligence，DNI）办公室，詹姆斯·克拉珀（James Clapper）同时也是该办公室的负责人，他的名字现在在隐私活动家和公众中众所周知，但通常都以负面形象出现。这一软件对我们的情报机构再合适不过了！

是什么阻止了这些技术解决方案的采用？也许是因为密码学家和政策制

定者之间无法进行沟通。例如，我曾经尝试向一位政策制定者解释美国国家安全局可以如何使用我上文提到的 Blind Seer 系统。他提出了一条反对意见，如果从政治角度考虑，这条意见是至关重要的，但对于计算机科学家来说却微不足道。他认为 Blind Seer 系统可能行不通，是因为这个系统只对一家电话公司起作用，但国家安全局需要从多家不同的移动运营商处收集数据。对于一位计算机科学家来说，这只需要在所有电话公司的数据中分别搜索相关数据，但这种很明显的道理没必要向所有人解释清楚。看来，这方面的政策制定者需要上一节笼统的计算机科学速成课，并且需要特别补充密码学知识，而密码学家不仅应该为这些问题提供最笼统的解决方案，还应该针对我们社会感兴趣的具体案例进行处理。

密码学也为我们提供其他两全其美的工具，即对违法者问责的同时保护每个人的隐私。例如，匿名证书系统允许用户证明他们被授权访问系统的特定部分而不用暴露其他信息，如他们的姓名或其他永久性特征。然而，它还可能找出超出服务条款范围的用户。例如，如果一份报纸订阅每天只授权一定数量的文章下载，那么它有可能会辨识出那些尝试超数量下载的用户身份。此外，这种系统可以通过身份托管进行扩展，使其在信赖的第三方帮助下，有可能查明特殊场合下的用户身份。匿名证书已经在密码学文献中被广泛研究，并在测试环境中成功使用，如希腊的佩特雷大学就将其用于一个课程评价系统中。

另外，密码学还为我们提供了以科学发现为目的集成信息的工具，但其开展方式尊重从事此类研究者的个人隐私。其理念是确保公布的数据是有差别的私人数据，也就是说，即使知道从事某项具体研究的所有人的全部信息，但也很难分别具体的某个人是否参加了这项研究，由此可见，个人对一项研究所造成的影响是微不足道的。事实证明，许多类型的研究都有可能实现有差别的隐私，因此，我们既可以受益于丰富的有用数据，并发现潜在的科学真理，同时这一过程又不会侵犯任何人的隐私。

因此，与直觉相反，密码不仅为我们做蛋糕，还提供吃蛋糕的工具。我们可以利用信息的丰富性来监控罪犯和恐怖分子，进行科学研究，并排除未经授权的行为。然而，这些都不需要违反守法公民的个人隐私。密码学家和政策制定者需要更好的沟通交流，以将此变为现实。

14

PRIVACY IN THE
MODERN AGE

达成协议并避免信息技术漏洞

加里·T. 马克思[①]

应本书主编要求，本人将围绕隐私领域"新出现的挑战"以及相应对策进行探讨。电子隐私信息中心所发挥的作用，支撑着其对科技带来的新挑战的乐观主义，并且通过它的拥护者的巨大宣传，使任何接受过启蒙教育的人都为之欢欣鼓舞。一个人必须有梦想，但如果梦想被滥用时不去行动，那就等同于滥用的同伙。然而，作为持相反意见者，我被善意声明和政策的复杂性所束缚，进而被渐渐拖慢了脚步，但并未停止前行。我发现基本概念的含义和关系依旧模糊，默认经验和伦理推测也未能被公开，因而，以此为基础的立场确实令人困扰。

监视、隐私和信息控制的具体细节自然会发生变化，但根本问题和概念却会一直持续，正如许多技术漏洞也会持续破坏适用于民主社会的公共政策一样。在我最近完成的书籍《窥探灵魂：高技术时代的监控和社会》（*Windows*

---

① 加里·T. 马克思是麻省理工学院的荣誉教授。

into the Soul：Surveillance and Society in an Age of High Technology）和 www.
garymarx.net 网站上刊载的文章中，我确定了基本概念，也发现了一系列技术
漏洞。在简要讨论了概念后，我将会在本文中介绍一些大家普遍认同的观念，
这些观念在我看来是错误的，或者至少是无益的。

个人信息的收集、分析、传播和使用的新（旧）方式需要一份概念地图，
同样也需要具有对基本概念以及它们之间如何关联的意识。解释和评估需要
通过使用通用语言，对监控者的基本属性和设置进行鉴定和测量。丰富的经
验必须被分解并解析成可以测量的类别。

监控行为的理解需要结合特定的历史、文化、制度和社会结构背景和意
见交换的相互作用。他们要求充分理解（如果不是必须欢迎）那些约束最佳
计划的讽刺、矛盾、取舍和价值冲突。蘑菇在黑暗中长势良好，但不公平也
是如此。阳光可能会通过能见度带来所需的担当，但它也会产生盲区和灼伤。

隐私权（不论规则是现存的还是随后补充的，无论信息的状态是规则或
还是可观察的）及其近亲监控无所谓好坏，但语境和行为为其增加了好坏的
含义。语境指所讨论的制度或组织种类及其相关的目标、规则和期待。行为
指各机构、对象、第三方或观众所期待并实际表现出的行为（无论是基于法
律或不太正式的文化期待）。虽然具有一些共同元素，还需要考虑监控环境中
存在的差异，包括强制（政府）、关心（父母和子女）、合同（工作）和自由
传递的可获取的个人资料（个人和公众中的私人）等。监控是存在于信息边
界的生活系统所具有的通用过程特性，而并不仅限于间谍或政府。监控和隐
私不一定是对立的，隐私可以成为保证监控和信息访问控制的手段。虽然目
前媒体对问题的关注是不正当监控（特别是由政府进行的），但也存在正当监
控不到位的问题。

我们需要在框架之内对信息保护进行考虑，框架应该足以包含信息自由。

共同要素是信息保护和披露的规则。虽然这些规则具有共同要素，但组织保密性和个人隐私在政策目的上存在重大区别，且后者的标准不应该自动应用于前者。尽管传统的监控涉及感官，但在某些方式上与涉及感官技术加强的新型监控并不相同。

和监控类似，隐私是一个多维的概念，其轮廓往往不明确，并存在争议、谈判，且不固定，依赖于环境和文化。其主要形式包括信息隐私、审美隐私、决策隐私和财产隐私。信息的物理或物流保护或信息披露应与支持信息保护或披露的文化观念分开考虑。考虑隐私问题则需要将其放在与秘密、机密和匿名等宽泛数据集合的逻辑关系中一起考虑。监控和通信都涉及隐私权和自主权的问题。监控可以跨越个人边界以获取信息，而通信可以跨越个人边界传递信息。它们可能在知情同意、尊重个人尊严上存在共同点，在相关数据和信息的概念和含义上也有相似之处。当监控充当直接沟通的手段时（基于购买的销售，或基于性能分析的生存机会），它们可以建立暂时联系。

美国在技术监控上的积极态度受经验要求和价值取向所推动，我们需要对其进行更好的理解。有时，这些会形成一个相对连贯和自觉的意识形态，或者至少是一种观点，正如政府、政党、全美制造商协会、国际警察首长协会、国家证券公司协会等利益团体一样。然而，在更多时候，这些观点会出现在证明某利益团体的主张和行为的正当性时所引用的不固定的临时片段中。

在最近几十年的政策辩论中，用我的知识和价值观来判断我经常听到的观点都是错误的，就像一位音乐家听到的跑调音符一样。跑调音符既涉及物质元素，又涉及思维方式和推理方式。有时是直接的，但更多时候是隐蔽的，埋藏在看似常识或不起眼（但不容置疑的）的推断中。表 14-1 列出了我经常遇到的观点，我认为这些观点往往在经验、逻辑或道德上站不住脚。

表 14-1　　　　　　　　　　　　信息时代的科技谬论

A. 技术决定论和中立性的谬论

---

1. 自动技术和发散型开发及应用的谬论

2. 中立性谬论

3. 量化谬论

4. 让事实为自己辩护的谬论

5. 技术发展必须意味着隐私更少的谬论

B. 科学和技术完善的谬论

---

1. 100% 故障保险系统的谬论

2. 百发百中的谬论

3. 将决策权授权给机器的谬论

4. 偏爱技术解决方案的谬论

5. 免费午餐或无痛牙科的谬论

6. 手段决定目的的谬论

7. 技术始终是解决方案而不会成为问题的谬论

C. 涉及监控对象的谬论

---

1. 控制个人的最好途径是恐惧的谬论

2. 被动、不起反应的环境的谬论

3. 默示同意和自由选择的谬论

4. 个人信息只是另一种买卖资产的谬论

5. 如果批评家质疑手段，那他们对目的必须中立或反对的谬论

6. 只有罪人才需要害怕侵入式科技的发展（或者如果没有做错事，就不需要隐藏）的谬论

D. 可疑的合法化的谬论

---

1. 以战争心态对待国内监控的谬论

2. 不重视公民社会的谬论

3. 明确日程的谬论

4. 仅因为做某件事合法，就应该去做这件事的法律谬论

5. 相对论或非最差选择的谬论

6. 单一价值优先的谬论

7. 最低标准道德观的谬论

（续上表）

8. 专家（或其创作）即最佳的谬论
9. 掩盖锋芒的谬论
10. 越新越好的谬论
11. 等价性或不注意新事物的谬论
12. 因为隐私权的历史很短，且覆盖人数较少，所以它们就不重要的谬论
13. 通过转移实现合法化的谬论
E. 逻辑或经验分析的谬论
1. 反语境性的谬论
2. 假定代表性的谬论
3. 简化主义的谬论
4. 隐私的黄金时代已经过去的谬论
5. 相关性必须等于因果关系的谬论
6. 短期的谬论
7. 费用更高、更有力、更快速的技术会不断以线性方式产生利益的谬论
8. 信息越多越好的谬论
9. 满足而不是创造消费者需求的谬论
10. 双重标准的谬论
11. 因为有冒险能力就认为冒险是明智之举的谬论
12. 宁愿在泰坦尼克号整理躺椅等待死亡降临，也不寻找冰山的谬论
13. 将数据与知识混淆，将技术与智慧混淆的谬论

　　与批评家的权力要求相比，占主导地位的监控话语所产生的谬论并不一定更明显。然而，它是占主导地位的，当个人在获得创造并传播关于监控和隐私的世界观的能力时，明显具有了社会模式化的差异。因此，它会引起更多的关注。

　　当然，不仅仅是技术支持者，所有申请者的观点都必须被检验。通过添加"从未"或以其他方式扭转许多技术谬误，可以让我们看到一些评论家所坚持的谬误的真实写照（例如，技术解决方案永远不能作为首选的谬误）。仅仅批评者提出的其他谬误就值得大家注意。因此，一些批评者无法理解技术和社区的优势与无政府状态的危险。隐私倡导者的技术谬误包括：新技术会带来灭顶之灾或末日的谬误；如果你能想象到不好的事情会发生的话，那它们就一定会发生的谬误；人们总是知道什么是最好的（民粹主义谬误）；隐私权具有无限的好处（或者隐私越多越好）的谬误；隐私是主要的（即它应该优先于其他价值）谬误；隐私是个人价值而非社会价值的谬误；隐私只能被侵犯而无法强加于人的谬误；如果一些事情在过去有效（或失败），那它在未来也同样有效的谬误；技术永远是问题而不是解决方案（卢德谬误）；以及与此有关的，这种技术只能用于跨越信息边界而不能保护边界的谬误。

为了在理解任何申请人的假设和可能存在的谬误的同时，促进建设性对话，我们需要知道申请人遵循的规则和策略。顾名思义，那些倡导者而非分析者的世界观是为其自身服务的。需要采取与学术分析者不同的修辞手段，必须从提问而非寻找答案开始，提问的对象必须覆盖所有申请人。在追求真理的过程中，学者们当然会服务于自己的兴趣。但是，特别是因为学者们追求的是一种未经验证的真理，他们也必须努力保持观点的一致性，并重视逻辑和证据。在这方面需要注意的是学术界的几个缺点：过于宽泛的学术概括；在充满生僻引用的多音节术语装扮下的常识（或废话）；使用奥卡姆剃刀定律①吹毛求疵地将世界分成过多类别；在复杂和经常不完整的数据面前过于胆小，优柔寡断；无法清晰地辨别来自科学报告中的价值陈述，以及其对立面——无法详细说明如何评估价值中的经验主义。与谬误相比，恶意中伤更是零风险的事后指责。

在乐观和忧虑之间有一条通道，而这条通道是曲折、变幻不定的，并充

---

① 这个定律是由 14 世纪逻辑学家、圣方济各会修士奥卡姆的威廉（William of Occam）提出的。这个原理称为"如无必要，勿增实体"，即"简单有效原理"。正如他在《箴言书注》2 卷 15 题说："切勿浪费较多东西去做，用较少的东西，同样可以做好的事情。"——译者注

满了荆棘和幻想。例如，19 世纪早期丁尼生（Tennyson）的乐观主义——"我沉浸在未来，极目远眺，看到世界和所有可能到来的奇迹"；而 20 世纪爱因斯坦的忧虑则是"技术发展会变成杀手手中的斧头"。这种矛盾心理是我们这个年龄的特征，我们穿行于希望和恐惧之中，不公平的竞争环境面临着挑战，但它即使发生改变也依旧会存在，我们仍然既需要来自权利的保护，也需要远离权利伤害的保护。但是我们有强有力的理由保持信心，既尊重有梦想的重要性，也尊重批判性分析的改善潜力。思想和政治组织都很重要。

虽然它们（无论是国家、商业利益团体，还是不断扩大的新型公私混合形式）正在监控我们，作为学者和公民，我们也需要监控它们。在宣传当前正在发生、可能发生、曾经发生、在他处发生的事情以及利害关系及其相应的思考方式时，那些致力于发展独立学术和公共利益（尽管很难界定）而非商业利益或政府合同的人会发挥重要作用。他们会对监控和隐私保护技术进行批评分析，并使其更为清晰并易于理解，尽管这很难保证社会的公正和可问责，但确实是一个必要条件。

15

PRIVACY IN THE MODERN AGE

自主权的作用：隐私科技的用户采纳度

阿丽西亚·M. 麦克唐纳 [①]

20 世纪 90 年代末，隐私增强技术（PETs）似乎成为了解决在线用户主权的方案之一。如果技术能剥夺隐私，那么技术一定也能保护隐私。在用户对隐私增强技术的采纳上存在很多障碍，主要包括：

1. 缺乏明显的隐私增强技术使用激励，主要源于：

    a. 误以为在线隐私享有强有力的法律保护；

    b. 误以为公司永远不会收集那些塑造它们核心商务模式的数据；

    c. 没有认识到无形的数据收集正在持续。

2. 不知道隐私增强工具的存在；

3. 安装程序存在操作困难；

4. 隐私增强工具的用户体验很差。

---

① 阿丽西亚·M.麦克唐纳是斯坦福大学互联网和社会中心的隐私研究负责人。

由于媒体对斯诺登自 2013 年 6 月起披露的文件的持续关注，人们可能会认为现在的激励措施会更加明显。如果第一个障碍会产生重大影响，那么我们应该期待看到用户的响应。事实上，最近的哈里斯民意调查（Harris Poll）显示，由于美国国家安全局的监控影响，47% 的美国人改变了他们的在线活动，其中以信任为基础的网上购物尤为明显。哈里斯调查在很大程度上反映了自我报告的激冷效应。对在线隐私关注的增加是否也会导致隐私增强技术使用的增加呢？迹象表明，答案是肯定的。

DuckDuckGo 搜索引擎

隐私保护工具 DuckDuckGo 搜索引擎并不受上述四种障碍的影响，具有很好的用户体验。DuckDuckGo 搜索引擎不需安装即可使用，用户直接访问其网址 https://duckduckgo.com 进行操作。用户也可将其设置为默认搜索引擎，操作步骤极少，不需通过网址专门导航。这些特点是长期固定的，使得我们在对比 DuckDuckGo 过去四年的使用量时可以剔除变量。因此，我们能够对比缺乏明显的激励措施和对 DuckDuckGo 不知情两种情况产生的不同影响，如图 15-1 所示。

相关性不意味着因果关系，在这种适当的谨慎下，我们发现当 DuckDuckGo 在美国加利福尼亚州 101 号高速公路上安装广告牌并在国家媒体中进行广告宣传之后，该搜索引擎的用户使用量出现了相对少量的增加。这些媒体事件应该对 DuckDuckGo 知名度低的障碍有所帮助，但收效甚微。在两次突出强调对 DuckDuckGo 使用的激励事件发生之后，我们发现用户使用量出现了大幅增加，这两次事件分别为谷歌隐私政策的改变（G）和斯诺登首次公开披露机密文件（I）。这表明，用户使用隐私增强技术的主要驱动力是消除对在线隐私的过度自信。

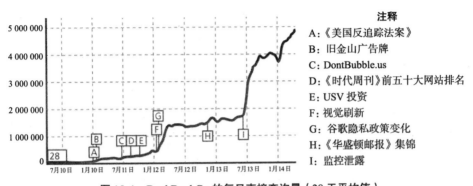

图 15-1　DuckDuckGo 的每日直接查询量（28 天平均值）

数据来源：https://duckduckgo.com/traffic.html

　　尽管可以将 DuckDuckGo 搜索引擎作为例证，但图 15-1 的简单数字并不能阐释全部内容。当用户感受到使用 DuckDuckGo 的激励措施在不断增加时，其使用量便出现了飙升。然而，正如谷歌改变其隐私政策一样，斯诺登泄露机密文件也为替代搜索引擎 DuckDuckGo 带来了更多压力：首先，认知障碍和激励障碍相互交织，相互改变；其次，根据协议，DuckDuckGo 是 Linux Mint 系统配置和其他两个开源浏览器的默认搜索引擎，但图 15-1 并没有标明这些协议。我们并不知道这些协议或其他类似协议是否为用户使用带来了明显改变。由于现实生活的复杂性，很可能存在我们根本不知道的其他复杂因素和相互作用。

　　在考虑所有注意事项的情况下，形成这种工作假说似乎是合理的，即当人们认为他们的隐私面临危险时，他们就会增加隐私加强工具的使用。这听起来明显是陈词滥调，但几十年来，我们一直被告知隐私增强工具遇冷等用户行为的缺失意味着用户对隐私并不关心。相反，DuckDuckGo 的使用模式有力地反驳了这种说法。有人认为用户隐私保护行为的普遍缺失构成了一种

"预示性偏好"，这将如何解释图 15-1 所显示的实际结果尚不得而知。看上去是用户对隐私风险并不了解，但是一旦了解了，便会采取行动保护自己。

Tor（洋葱浏览器）[①]

正如 DuckDuckGo 不受隐私加强工具使用的所有典型障碍影响一样，2013年，Tor 的安装和使用也相当容易。虽然 Tor 进行了改进，但其速度仍然慢于其他浏览器，这的确造成了可用性障碍。

土耳其的政治动荡是检验上述观点的第二个自然实验。2014 春季，土耳其总理面临财政腐败的指控。在地方选举的筹备过程中，这些指控在 Twitter 和 Facebook 上的传播，可能对多数党造成了动荡。总理对 Twitter 和 Facebook 出台了禁令，声称外国软件不能用于侵犯其个人隐私。在选举日当天，估计有 8 人在抗议活动中死亡。选举结束几天之后，法院取消了这一禁令。在抗议活动中，隐私增强工具会提高个人隐私并使避开 Twitter 和 Facebook 禁令的消息在土耳其人民中进行了更为广泛的传播。例如，抗议者将谷歌公共域名解析服务的细节喷涂在墙上，并发放了洋葱浏览器使用说明书。如图 15-2 所示，Tor 的使用量出现了大幅增加。

我们再次发现，明显的激励措施和知名度的增加在现实生活中出现了交叉。在 Twitter 禁令出台后的第一周，Tor 的使用量增加了一倍多。然而在这种情况下，隐私是否是使用 Tor 的主要驱动力尚不明确，自由言论也可能是其关键推动者，包括对选举相关信息的阅读和编辑。在选举结束之后，Tor 的使用量出现了下降，即使此时对 Twitter 和 YouTube 的禁令依然存在，这也表

---

① Tor（The Onion Router）允许用户在互联网上进行匿名交流。——译者注

明了关于选举的交流至少是 Tor 使用量增加的激励因素之一，而并不仅仅是
为了能够发布无政治目的的 Twitter 消息。

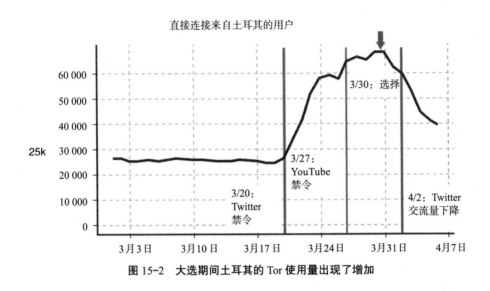

图 15-2　大选期间土耳其的 Tor 使用量出现了增加

2013 年 8 月，有关可以使用 Tor 访问形成僵尸网络的受感染电脑主机的
消息，使其使用量在全球范围内出现了攀升。2013 年 6 月，斯诺登公布机
密文件之后，Tor 使用量在全球范围内并没有出现明显增加，如图 15-3 所
示。9 月，僵尸网络影响下的 Tor 使用量增加完全覆盖了我们可能从斯诺登事
件中看到的任何效果。我们可以确切地说，六七月份 Tor 的使用量并没有像
DuckDuckGo 一样出现明显增加。

即使僵尸网络导致了统计数据的偏差，但从 2013 年 6 月斯诺登泄露机密
文件的媒体报道到 8 月的僵尸网络爆发期间，Tor 的使用量并没有出现显著增
加。Tor 的使用量在最初保持稳定是因为早期对美国国家安全局行动的新闻报
道中没有具体提及 Tor 吗？或者，是由于 Tor 在斯诺登事件之前的知名度就已
经足够高，所有关注它的用户已经开始使用了吗？或者是因为人们也许并不

反对国家安全局的数据收集？

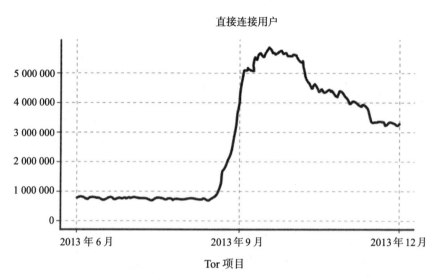

直接连接用户

图 15-3　2013 年 8 月的僵尸网络导致全球范围内的 Tor 使用量增加

我们对这些问题并没有确定的答案。然而，鉴于 DuckDuckGo 的数据，似乎世界公民对如何保护个人隐私不被美国国家安全局获取感兴趣。DuckDuckGo 的使用量在 2013 年 7 月出现了飙升，但 Tor 的使用量却没有出现这种情况。为什么这两种隐私工具出现了不同的使用模式？

其中一种可能性是，DuckDuckGo 的媒体宣传力度可能大于 Tor。[①] 图 15-4 中展示了同时提到 Tor 和隐私的新闻数量以及同时提到 DuckDuckGo 和隐私的新闻数量，数据来自 LexisNexis。

---

① 谷歌趋势（Google Trends）比较了人们对包含 DuckDuckGo 或 Tor 的新闻标题的兴趣。

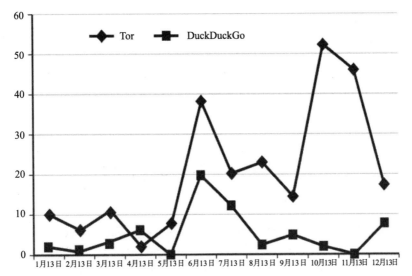

图 15-4　同时提到"Tor 和隐私"与同时提到"DuckDuckGo 和隐私"的新闻数量

　　在斯诺登事件发生之前的几个月，很少有文章提到 Tor 和 DuckDuckGo。但到了当年夏天，这两种技术的新闻覆盖力度都有所增加。提到 Tor 的新闻多于提到 DuckDuckGo 的新闻，而不是更少。因此，新闻文章的数量并不能解释这两种技术工具在使用量上的差异。

　　需要注意的是，在当年秋季，提到 Tor 的新闻文章出现了巨大上涨，涨幅甚至高于斯诺登事件前后。这一增长是由于媒体报道对丝绸之路尽头的报道所致。一般来说，Tor 和 DuckDuckGo 接收的此类新闻报道具有很大差别。在 DuckDuckGo 上，典型的标题是"保护数据安全的七种方式"。而在 Tor 上，标题则包括脑炎病毒、毒品贩子和黑客。读者在提到 DuckDuckGo 时，会联系到它是可以用来保护自己的工具，而 Tor 则多半与犯罪用途的描述相关。

完美隐私

完美隐私（PGP）[①]是研究用户使用障碍的典型代表，导致了大量标题里含有"为何 Johnny[②]不能"的文章出现。PGP 增加了另外一个障碍——网络效应。正如拥有唯一一台打印机并不是好事一样，如果你不能说服他人合作，费劲所有周折达到公共密钥加密是没有意义的。在理解"斯诺登事件之后 PGP 的使用量是否增加"这一问题上，随着时间推移仍然生效的 PGP 密钥数量是一个值得关注的方式。

克里斯蒂安·菲斯科斯特兰德（Kristian Fiskerstrand）是 PGP 公开密钥网站 SKS-keyservers.net 的运营官和基本指标的发布者。图 15-5 展示了 PGP 公开密钥历年的数量增加。需要注意的是，原本稳定的增势在 2013 年 6 月之后出现了升高。

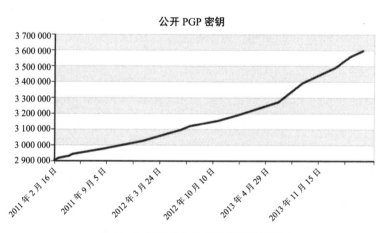

图 15-5　PGP 公开密钥数历年累计总量

---

① 完美隐私（Pretty Good Privacy），是 PGP 公司的加密和 / 或签名工具套件。——译者注

② Johnny 是基于流行密码破解工具 John the Ripper 开发的跨平台开源 GUI。——译者注

如图 15-6 所示，2013 年夏季每天新增的密钥数量达到了斯诺登事件之前的 3 倍。近一年后，每天的增加率仍是 6 月之前的两倍左右。

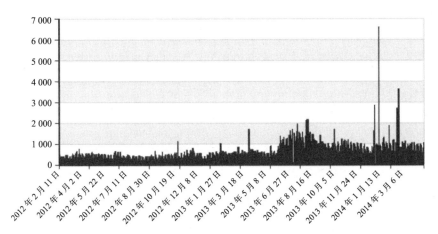

图 15-6　每日新增的 PGP 公开密钥数

观察结果

2013 年 6 月之后，DuckDuckGo 和 PGP 的使用量出现了快速增加，但 Tor 并没有出现这种变化。鉴于 PGP 的安装难度，特别是与 Tor 和 DuckDuckGo 相对简单的安装过程相比，这表明传统的可用性障碍不是隐私加强技术使用的最大壁垒。相反，用户对在线安全的错误认知（包括相信他们的隐私是受法律保护的，其实这种法律在美国根本不存在）可能是采取措施保护在线隐私和安全的最大障碍。

Tor 在土耳其确实存在较大的用户群体，这验证了"Tor 的使用并不存在特别的非显著障碍"的观点。媒体报道 Tor 的方式似乎使其错失了在世界范围内扩大用户群体的黄金机会。当 Tor 被认为是犯罪工具时，几乎没有人愿意亲自尝试这一工具，甚至不愿看到关于它的任何推动措施。这也表明，如果邀请德高望重的人谈谈 Tor 的使用体验，可能会增加其使用机会。如果我们不反驳人们对 Tor 属于流氓领域的印象，那么这种看法就可能会成为自我解释的结论。

总之，在现实生活中，媒体对使用某一工具的动机的报道以及对该工具的知名度相互交叉。未解决的问题是，隐私增强工具的广告宣传攻势能在危机情况下或平稳情况下发挥多大作用。

最后，即使将那些来自于现实生活复杂情况下所得到的忠告全部考虑在内，这些案例研究也仍然重申了一个观点，即人们关心隐私，且愿意在获悉其隐私面临危险时采取行动。多年来，即使在完全相反的证据面前，各公司也会一直坚持相反的观点。关于这点，我们还有更多的证据。

16

PRIVACY IN THE
MODERN AGE
教育数据的隐私保护

帕布罗·G. 莫丽娜博士 [①]

人需要学习才能成为智者。学习将我们人类与其他物种区别开来。我们终身都在学习。我们可以在幼儿时期学习歌唱，随着年龄增大还可以学习水彩画或西班牙语。我们可以去上吉他课或滑雪课。我们可以去考潜水证，提升航行技能，或去上摩托车安全课程。正是因为永无止境的终身求知，许多组织保存了我们的教育活动信息。

一些人想保存这些信息：二年级的数学老师是谁？高中刚开始那几年，我都上了什么课程？在新闻学院，我为了和朋友们打牌逃了多少课？我得过的最低分是多少？我曾经在关于塞万提斯的作业上得了 A，现在我还能再读一遍吗？我还能看一下我最后提交的令人尴尬的摄影作业吗？我想获得这些信息。

---

① 帕布罗·G. 莫丽娜博士是南康涅狄格州立大学和美国法学院校协会的首席信息运营官。

遗憾的是，这些信息的部分丢失是由于我糟糕的记忆力和比记忆力更差的保存技巧，母校那些不尽职的管理员就更不用提。然而，在今天，信息丢失是防止未授权的人获取的唯一方法。我想控制别人对我的教育信息的获取。我希望我的女儿知道我是一个优秀学生；同时，我不希望我指导的研究生知道我八年级时曾经被停课。我允许我的博士课程的招生委员会访问我的研究生考试成绩，但不希望用人单位检查这些分数，并根据这些分数来推断我的专业能力。

出于提高效率和营销等多种原因，许多团体都希望得到我们的教育信息。有多少补习数学的学生未能从四年制大学中顺利毕业？多少课程或项目因为容量有限或需求过多而拒绝学生修读？心理学专业本科生的统计学基础课程的平均成绩是多少？在隐私认证考试中，考试者在回答某些多项选择题时需要多长时间？为了使康涅狄格州居民参加 Go Back to Get Ahead[①] 项目，继续进行未完成的大学教育，我们需要如何使用教育档案数据库？

无论数据囤积的原因是什么，积累这些信息会将所有学习者暴露于两大风险之中：数据泄露和组织滥用。数据泄露是指教育数据的意外披露。当组织利用教育活动的副产品，即积累的数据，其利用目的超出了数据对象的预期，且经常未告知数据对象时，就会出现组织滥用。

乔治城大学曾因意外公布可识别成员个人身份的信息而遭受或造成了三次重大数据泄露：第一次是在 2008 年，乔治城大学的一间办公室的一块外接未加密的硬盘被盗，导致 38 000 条社会安全号码泄露；第二次是一位研究人员未能实行必要的信息安全控制措施，而导致数据库服务器被黑客入侵；第

---

① 此项目允许康涅狄格州在 2012 年以前中断大学本科学业的居民重新修读课程，并获得相应学位。——译者注

三次，一位大学技术人员在手机上存储了未做防护措施的机密信息，却丢失了手机。

乔治城大学的情况并非个例。信息技术公司 Team Shatter 模仿"三月疯狂"美国大学篮球锦标赛进行了一次评比。他们对遭受令人尴尬的数据丢失的高等院校进行了相互对比，并最终评出高等教育数据泄露疯狂"冠军"。2011 年，弗吉尼亚州立大学凭借泄露 176 567 条记录而获得冠军。不称职的教育机构管理者和教育机构服务组织的管理人员将学生数据泄露给了未经授权的使用者。

组织滥用的例子不胜枚举。其中最突出的事例是 2014 的 inBloom 数据泄露事件。inBloom 是一家非营利组织，其宗旨是提供学生公共记录安全存储服务，并将这些数据分享给一些支持学校发展的技术供应商。inBloom 可疑的隐私实践导致了它的失败，尽管该组织得到了比尔与美琳达·盖茨基金会和纽约卡内基公司 1 亿美元的财政支持，其国家和区域的合作伙伴依然放弃了这一倡议。

这些数据泄露和组织滥用的责任方主要有三个：学校管理人员、教育企业家和黑客。为了保证教育信息的隐私，我们必须对这三种团体的行为施加影响。我们需要完善法律条例，加强技术改进，并提高宣传力度。

我们需要完善法律条例。没有牙齿武装的政策——即对不良行为没有真正处罚措施的政策——产生不了任何效果。在现有的法律框架下，无论是学校的管理人员和教育企业家都有充足的理由对学生数据保管进行投资。这些信息的所有者是谁？它属于学生、教师、企业家还是政府的教育监督机构？与医疗信息一样，教育信息首先属于学生本人。因此，他们有权选择是否收集数据，对数据采集有控制权，有权决定数据的查看权限，并有权提出更正或删除请求。

这些原则或想法并不奇怪，也早有渊源。1973年的《公平信息处理条例》和1974年的《美国隐私权法案》对此早有记载。他们对多项法案的实施产生了极大影响，如1974年的《家庭教育权利和隐私法》(*Family Education Rights and Privacy Act*, FERPA) 及其多次修正案。在理论上，《家庭教育权利和隐私法》的保护范围涵盖从幼儿园到大学在内的全部学生信息。而事实上，此法案对个人没有约束力，教育部门也尚未执行其关键措施——收回违反此法案的学校的全部财政资助——这是违反此法案最严重的后果。《家庭教育权利和隐私法》适用于接受了美国教育部的任何适用项目资金资助的所有学校。职业学校、远程教育网站和总部设于国外的教育机构是否适用呢？在美国，这些组织不必遵守任何隐私法律。只有联邦贸易委员会才能将他们的隐私滥用作为消费者保护问题进行调查。

我认为美国教育部应该出台一项框架性的权利法令，为初级、中级和高等教育中所有年龄段的学生数据保密实践提供指导，我的观点也得到了其他积极人士的支持。最重要的是，我们希望形成一个全面塑造教育实践的框架，包括美国和其他国家的在线和线下职业教育，以及教育市场的无管制部门。

我们需要加强技术改进。如果没有专门为隐私和信息安全设计的技术平台、流程和人员，我们无法确保教育管理者行使其应有的数据监护权。我们为什么不能在教育行业开展这些活动？教育有什么本质区别，以至于我们认为金融、医疗或选举信息的数据保护比学生的数据保护更重要？

有人认为学术信息在全球黑客的攻击对象中仅属于低优先级。这并不一定符合事实，因为全球许多小学、中学、大学和职业学校都已经有了亲身体验。像其他犯罪一样，黑客行为都会涉及动机、手段和机会。他们攻击的动机很明确——学术记录可以用于多种敌对目的，包括公开羞辱，甚至会有个人、黄色新闻记者或政治敌人对被曝光的对象进行勒索。这些信息为商业竞争对手的攻击提供了有利的武器，还可以用来取消同班同学的求职竞争资格。根据 2014 年 Verizon 数据泄露调查报告，教育部门是网络攻击的头号目标。

我们需要提高宣传力度。公民社会组织需要持续努力，如希拉·卡普兰（Sheila Kaplan）组织的全国拒检活动、电子隐私信息中心的诉讼活动等。他们的工作在马克·罗滕伯格和哈里发·巴恩斯（Khaliah Barnes）发表于 2013 年的文章《学生数据收集和隐私权的破坏》（*Amassing Student Data and Dissipating Privacy Rights*）中得到了体现。福特汉姆大学法学教授乔尔·雷登伯格（Joel Reidenberg）等学者对此问题的成熟探讨也是有必要的。这些积极人士和其他目标相似的人员共同阐明了教育信息保护缺失所面临的风险。他们让立法者、政府官员、教育管理者和企业家认识到了保护学生隐私的重要性和价值。

那又怎样？有什么大不了的？如果我们什么都不做，谁会受到伤害？弱势群体包括无能为力或有特殊需求的学生，有意愿控制这方面信息的披露。尽管对于法律专业的学生来说，如果他或她有注意力缺陷障碍，那披露这一信息可能是相关的，且能够有所帮助，但在远程安全认证课程中，这种披露则是完全无关紧要的。参加数学或英语辅导课程的学生也可以选择一段时间之后谁有权得知这一经历。没有获得学位的学生，包括终身学习者在内，具有多学科兴趣和好奇心，他们尝试过不同的课程，可能希望对本人的一部分教育背景保密。这包括全世界参加了任何大型开放式网络课程（MOOC）的数百万人。在通常情况下，任何参加过有争议的课程、提交过有争议的作业或学习成绩不佳的人都有可能面临风险。

和许多人一样，我报名参加了耶鲁大学和华盛顿大学等学校的 MOOC 课，后来半途而废。我的兴趣随着时间的推移逐渐衰退，甚至到了不做作业或停止参加在线讨论的程度。我甚至没有通知其运营组织就退出了课程，如

Coursera 课程和 edX 课程 ①。除了我本人在此处的披露之外，我不想让我的雇主知道我曾经中途辍学。同样，我也不想让任何人知道我曾被北弗吉尼亚社区学院开除，我报名参加了那里的摩托车安全课程，但两次均未成功。

2013 年，教育企业家、Knewton 创始人兼首席执行官约瑟·费雷拉（Jose Ferreira）在其博客中对这一问题作了很好的阐述："大数据教育是一个热门话题，而且越来越热。支持者吹捧其潜在的改革，批评者提出隐私担忧，怀疑论者则没有看到这一切的任何意义。"费雷拉等企业家们愿意尽可能地收集每一份数据，因为这对他们的企业有价值，还会开辟新的商业机会。而另一些企业家则推崇隐私和自律的好处，事实上，不规范的企业或许都太容易在赚钱方面而不是学生的隐私方面走入歧途。

如果我们无动于衷，那么这些风险就会比我们想象的大。美国教育中发生的情况会影响到其他国家。通常，受援国的教育政策是由美国国际开发署制定的。教育企业家和学术顾问引导国外的教育系统朝标准化测试、海量数据收集和挖掘、技术应用、私人部门的伙伴关系等方向发展。如果没有足够的隐私保护，那么教育数据在美国面临的隐私风险就有可能会蔓延到其他国家。

---

① Coursera 是斯坦福大学的两名计算机科学教授创办的免费 MOOC 课程项目。edX 是麻省理工学院和哈佛大学于 2012 年 4 月联手创建的 MOOC 平台。——译者注

PRIVACY IN THE
MODERN AGE

系统和网络安全如何与隐私相互作用

彼得·G. 诺伊曼 [①]

本文讨论了计算机系统和网络安全在隐私问题上可能具有的一些技术潜力及其固有的局限。在理想情况下，安全和隐私应是协同关系而非冲突关系。然而，在我们目前所处的世界中，几乎所有技术依赖的事务通常都是千疮百孔的，并存在意外触发或被故意用于损害安全的漏洞，而且使隐私侵犯的程度和可能性更加恶化。在理想情况下，我们需要的系统和网络、用户、管理员和操作程序都是完全值得信赖的，此处的信赖包括一系列关键要求，如信息和在不利情况下的系统安全性、完整性、可靠性、互通性、可用性和持续有效程度等。不幸的是，与现实需求相比，当前的技术和管理信赖度的发展水平已经糟糕透顶。因此，在现实中，我们既没有足够的安全性也没有足够的隐私。

经过多年的发展，计算机通信技术在多个领域的硬件、软件技术上仍有

---

① 彼得·G. 诺伊曼 1971 年起就职于斯里兰卡计算机科学实验室，现为首席高级科学家。

改进空间，如用户认证、存取监控、系统安全性、基于加密的应用程序、防火墙、强大网络、云服务器、无孔不入的监控和滥用检测系统，等等。此外，还有许多操作程序、管理指导方针和法律措施尝试，为技术安全措施提供支持。这些方法都有可能以不同的方式来帮助加强隐私。然而，目前这些方法已经远远不能满足现实需求了。

另外，即使系统和网络安全方面所期待的巨大改进成为现实，并将技术要求与程序控制和合理立法实施相结合，这些技术要素组合可能希望达成的结果也存在一些严重的局限性。特别是我们面临的许多隐私问题并不是计算机通信信息技术所固有的，从这个意义上说它们超出了系统控制的权限。因此，隐私困难的真正本质所呈现出的是综合系统问题，既有以计算机为基础的技术的内在弱点，又有很多隐私考虑的外在本质。

很多人曾断言，"最好"是"好"的敌人，会导致对大众品味的刻意迎合。其实，通常被认为好的东西本身往往就不够好——尤其是关键或敏感的应用程序。因为永远不存在完全安全的系统（我们还要特别应对无处不在的渗透、阻断式服务攻击和内部人员滥用），所以尽管会出现许多系统性和程序措施，但一些外在问题可能会持续存在。

可悲的是，尽管进行了一些局部改进，但系统的可信赖度似乎并没有像过去几十年一样得到有效增强。因此，隐私问题只会变得更糟，例如今天的隐私问题与 1995 年的水平相比就要糟糕得多。我们可以很容易发现，在《计算机的相关风险》（*Computer-Related Risks*）一书中描述的很多问题在今天依然频繁发生，而书中及过去其他文献（如美国国家科学研究委员会研究报告）提到的许多补救措施并没有被采纳。此外，隐私问题在多方面不断升级，如规模、范围、风险等级、不便捷和欺诈等。

在隐私方面，在与互联网相连或能以其他方式访问的不安全系统中（如通过电话线或无线）存储敏感信息的简单做法是不明智的，当然，这是标准做法。从安全和隐私角度上来说，将此类信息托付给可能不受信任的第三方管理是更不明智的选择，尽管它的经济成本可能相当实惠。一言以蔽之，一旦信息超越了局域管理电脑系统的权限，其安全性基本就无从谈起了。这种情况可以比喻为当潘多拉的猫跑出魔盒时，妖怪就不会再回到壁橱里了。

此处最根本的问题似乎是：你能够信任谁，信任哪些内容，特别是在并非系统和运营商都值得信赖，而且存在不怀好意的内部人员和成功打入内部的外部人员时。虽然人们通常可以设计并实施对人类错误行为更有弹性的系统和网络，但对严重的滥用尝试提供足够安全的类似措施要难得多。在协调、分散、广泛的攻击面前，这一说法所描述的现状会变得更加复杂。然而，即使努力为特定个人提供具体方案而非为多人提供粗略折中方案，也可能造成毁灭性的影响。

一些技术救济在未来有可能成为现实。例如，我们可以依靠一个目前由斯坦福国际研究院（SRI International）和剑桥大学联合为美国国防部高级研究计划局（DARPA）研发的系统。新设计的硬件可以强制执行可疑代码的可信赖沙盒和任意细粒度访问控制，将这两者结合起来可以极大地限制不良行为。硬件设计在两个不同的现场可编程门阵列平台上运行，并在实现 MIPS64 架构的同时，运行基于能力的新型协同处理器。同时，硬件设计以形式为基础，包括硬件规范语言，在编译程序中嵌入斯坦福国际研究院的全套形式化分析工具，此编译程序能够从高级规范语言层次建立有效的现场可编程门阵列图像，同时还能够对一些低级软件进行形式化分析。硬件支持 FreeBSD[①] 的应用。硬件和软件都可在开源许可证下使用。硬件构建链中内置了形式化方

---

① FreeBSD 是一种可免费使用的 UNIX 操作系统。——译者注

法，使得这一系统能够极大地推动更细粒度安全策略的实施。此外，这方面
的努力还包括新开发的 TESLA 设备，允许对注定永远不会发生的实时事件进
行动态探测。

我之所以介绍上一段的内容是为了具体引出以下问题：使用这种被证实
是可靠的软硬件平台，将如何减少隐私问题？有几种积极因素值得我们注意。
例如，我们可以为系统和网络架构实现沙盒式分区和细粒度访问控制，再加
上基于密码的用户和系统间身份认证（即避免固定密码）以及计算机安全和
隐私的明智政策，同时对一些可能具有破坏性的用户活动进行普遍监控。这
种整体的建设性方法可以大大减少未探测到的不良数据泄露。这一起步将是
非常令人鼓舞的。

总之，在防守和进攻之间的斗争不断升级的同时，近几年隐私侵犯的规
模和频率也在不断增加。为了扭转这一趋势，加快搭建并实施基线计算机系
统和网络的可信度更加迫在眉睫。然而，即使情况属实，即使技术被广泛应
用，并充分发挥其操作实践潜力（这本身似乎是一个白日梦），一些重大隐私
风险仍会一直存在——特别是外在风险。同时，人类的错误判断和有意或无
意的错误仍然是可能的，虽然外在误用可能在整体上会有所下降。然而，掌
握大量信息的内部人士，特别是那些过于全能的系统管理员的滥用风险将永
远存在。因此，我们需要进行整体分析，包括对技术进行大幅改进、超越缓
和性最佳实践的程序结果、立法（小心你所要求的——你也许会得到相对更
差的结果），以及强制和共识。像往常一样，这并没有简单的答案。

PRIVACY IN THE
MODERN AGE

"尊重语境"：履行白宫报告的承诺①

海伦·尼森鲍姆②

2012年2月，奥巴马在白宫公布了《消费者隐私权法案》（2012，9），该法案是全面报告《网络世界的消费者数据隐私：隐私保护和推动全球数字经济创新框架》（*Consumer Data Privacy in a Networked World：A Framework for Protecting Privacy and Promoting Innovation in the Global Digital Economy*）的一部分。这份全面报告和人权法案标志着白宫对隐私的直接关注，从而激发推动改革的希望。公共利益倡导者、行业领导、组织和政府机关等多个利益主体对这两份文件表示谨慎支持，它们几乎没有在任何与隐私有关的事情上达成一致。

---

① 本文节选自一篇较长的文章，原文作者为梭伦·巴罗喀斯（Solon Barocas）、艾米丽·戈德舍-戴蒙德（Emily Goldsher-Diamond）、迈克·赫兹（Mike Hinze）、克里斯·霍夫纳戈（Chris Hoofnagle）和詹姆斯·汝尔（James Rule）。该项目受美国国家科学基金会项目 NSF CNS-1355398、研究生教育部项目 DGE-0966187 和英特尔社会计算科技中心支持。

② 海伦·尼森鲍姆是纽约大学计算机科学和媒体、文化和传播学教授，兼任信息法研究所主任。

《消费者隐私权法案》提出了七项原则，其中六项被视为与传统公平信息实践类似，例如经合组织的隐私准则中就含有这些内容。

其中第三项原则"尊重语境"（PRC）中，对"公司收集、使用并披露消费者数据的方式应与消费者提供数据的语境一致"（第47页）的预期是一项很有意思的创新。然而，语境是一个冷酷无情的模糊术语，有可能被不同的人阐释出不同的含义。它的意义包括口语的、笼统的、理论的、具体的或以上含义的混合。如果确定语境含义的挑战性不够，那么确定"尊重语境"的含义则面临着更多的模棱两可。

实际上，在无穷无尽的解释版本中，有四种解释尤其引人关注：技术平台或系统语境；商业模式或实践语境；行业或部门语境；社会领域语境。本文拟从这四种解释中确定语境的准确含义。我认为，《消费者隐私权法案》是否履行其作为隐私权分水岭的承诺，尊重语境的原则在这一势头中是否起作用将取决于哪种解释能够推动公共和民间规则向前发展。

尽管与隐私相关的解释还有很多版本，我关注这四种解释的原因是它们隐含了分歧的政策导向，还反映了导致白宫报告出台及之后的讨论中的持续观点。

技术语境。一百多年来，在人们对隐私的担忧中，科技发展一直是社会关注的重要推动力。当前正是一个恰当的案例，关注于信息和数字网络领域——互联网，以及无数平台及其顶层（或下部）系统，如移动设备、电子邮件、社交网络、云服务和网络本身。我们中的大多数人都对网络或网络空间发生的沟通和交易有所了解，并认为其相关隐私问题与其以电子为中介的语境有显著不同。将这一技术基底及其社交网络、Twitter、维基百科、手机应用和定位服务设想为语境并不遥远。在这种情况下，各媒体、系统或平台的物质特性以缓和、夸大、促成等方式塑造了以其为介质的行为、交易以及互动，也构建了信息被跟踪、收集、分析和散布的途径。在这种解释中，尊重语境要求政策密切关注系统和平台的自然功能。

商业模式或实践语境。 根据这一解释，规定隐私"交通规则"的不是技术本身，而是与众不同的商业模式和实践。语境被理解为特定业务的模式或实践，语境由此业务的性质、目标及其为实现这些目标而遵循的实践共同构成。许多信息科技和信息产业公司的评论都支持这种解释。以网络搜索为例，其基础技术系统可能会积累含有可识别身份的个人信息的搜索日志，商业模式可以定义这些日志的保存时限、使用方式和共享对象。

行业或部门语境。 将语境理解为行业或部门，将语境的分析单位从个人业务拓展到了起作用的行业部门。它还与美国现行的部门政策环境相兼容，现行政策对隐私保护的管理在很大程度上以部门为基础。此处将部门和行业并列并不意味着这两者是相同的，但是我承认那些支持这一解释的人在其评论中交替使用这两个术语。根据这一解释，尊重语境相当于遵守各自部门或产业内部开发并为其服务的一套规则或规范。

社会领域语境。 这一解释的支撑理论是语境完整理论，认为语境是一种社会范围，由日常生活中的不同社会空间构成，包括教育、医疗、政治、商业、宗教、家庭和家庭生活、娱乐、市场和工作等。此处的领域通常涵盖特色活动和实践、功能（或角色）、目标、目的、制度结构、价值观和行为规范等。规范管理信息流动，并进一步形成分类规则。特定语境的信息规范（下称"信息规范"）对语境的完整性是至关重要的。阐释尊重社会领域语境的具体含义需要对语境完整性进行简要回顾。

其他对隐私的描述关注于个人信息的暴露或信息主体无法控制其信息，而语境完整性理论则以信息流动的恰当性为基本原则，即数据流动应符合合理信息规范。至于某具体信息流动或信息由一方传送至另一方是否恰当，则取决于所讨论的信息类型、涉及人员、信息发出者、信息接收者、背景环境或信息传输发生的约束条件。根据信息流动的语境完整性模式，可将关键参数限定为：行为主体——主体、发送者和接收者——范围包括语境相关功能、角色或具体语境相关能力的行为因素。这些功能角色包括熟悉的医生、护士、病人、教师、参议员、选民、投票站志愿者、母亲、朋友、亲人、牧师、商人、顾客、聚会者、警察、法官，等等。同样，信息类型的参数涵盖特定领域的本体所延伸出的变量范围。例如，在医疗保健领域，还可能包括症候学、医学诊断、疾病、药理药物；在教育方面，可能包括认知能力、业绩指标、学习效果；在政治领域，还包括党派、选票、捐款；其他领域不再一一列举。第三个参数是传递规则，确定信息流动的条款或约束条件。我们可以将其想象为一个水闸门。虽然在实践中，传递规则在社会惯例、规则和法律中起着关键作用，但传统规则仅仅是抽象设想，尚未被学术界或政治讨论所明确解释。信息主体对信息的控制权可以理解为且仅能理解为众多选项中的一种（尽管是重要的一种），包括"私下的""第三方授权的""按法律要求的""购买""出售""相互的"和"经过验证的"。

需要强调的是，这三个参数（行为因素、信息类别和传递原则）是相互独立的。任何一个都不能被另外两个取代，也无法独自承担界定隐私预期的任务。这就是为什么过去将隐私轻描淡写为一种信息（"敏感"信息）或一种传递规则（如控制信息）都注定会失败。我认为，几十年来将隐私淡化的做法造成了我们对隐私理解的模糊和混乱，并阻碍了规范隐私保护的进展。信息控制可能是一项重要的传递原则，但相对于特定的行为因素和信息类型而言，我们都会根据特定社会语境进行详细规定。

当行为和实践符合信息规范时，就达到了语境完整性。当行为或实践扰乱了根深蒂固或规范的信息流动，使隐私与预期产生矛盾时，就违反了语境完整性。因为信息规范以隐私预期为模型，当语境完整性被侵犯时，人们自然会作出生气、愤怒和抗议的反应。因此，语境完整性提供具有初步解释和预测能力的诊断工具，对隐私相关因素的视角比披露/不披露或私人/公众的传统二分法更标准。

诊断已确立的信息流动为何会中断只是一个开端，对其进行评估的能力对语境完整性的道德统治才至关重要。颠覆性技术，如增强健康指标、社交网络等新型沟通和交往形式以及在线信息搜索工具均具有巨大价值。同样，如何从那些对隐私的侵犯中区分有利的机遇也是一项重要挑战。为了满足这一要求，语境完整性要求对已存在的信息流动与新型流动进行比较评估，这种评估涉及三个层次的分析：第一层次考虑主要受影响方的利益——他们享受的利益及其承担的成本和风险。这在很大程度上是一种经济手段，主导了标准利益相关者分析中的政策部分，但只为利害关系提供了局部分析；第二层次考虑的是一般的道德和政治价值。因此，这一层次超越了可以优化整体效益的简单权衡取舍，要求我们考虑成本和效益的合理分配。隐私相关文本中提到的其他核心价值包括民主、不公平的歧视、信息危害、平等待遇、自主权、身份认同的形成和一系列公民自由。最后，我们必须考虑语境特定的价值观、目的和用途。这可能有助于解决长期以来困惑我们的冲突，如隐私与安全、隐私与利润，等等。语境分析可能会表明，自由在特定语境中最重要（如图书馆），而在机场环境中，安全是最重要的。语境完整性提供了一种成熟的途径，超越了将隐私与商业利益、国家安全、公众安全、言论自由对立起来的老套二分法。这一层次坚持认为隐私是一种适当的信息流动，其服务对象不仅是个人信息主体的利益，还包括语境、社会目的和价值。

根据这种将语境定义为社会领域的表述，尊重语境即尊重语境完整性。

为了探讨为什么在四种表述中只有这种版本才有可能带来隐私保护的巨

大进步，我们需要仔细阅读白宫的《隐私权法案》。传统的《公平信息处理条例》（FIPs）的贡献在于，其明确规定了透明、安全、可访问和准确以及可问责的原则，并与对等的公平信息实践相匹配；然而，尊重语境并不与任何单独的原则相联系，而是与两个同等重要的条件有关：用途说明［"应在收集个人数据之前明确收集的用途，之后的数据使用应仅限于实现这些用途或其他与这些目标相符的用途，每次用途改变都应该具体规定"（58页）］和使用限制［"个人数据不应被公开或向他人提供或用于规定以外的用途……除（1）信息主体同意；或（2）法律允许"（58页）］。

但各项原则本身并不包含具体用途，这导致法律规定要么适应性极强，要么特别空泛。具体说明是一张万能牌，可能制造出脱离使用限制、收集限制（通常被称为数据最小化）甚至背离安全和数据质量的"特洛伊木马"。除非且直到用途被实质要求限定之前，公平信息处理条例都只能是一个空壳，从形式上规定了各原则之间的关系，并设计了指导信息流动的程序步骤。

《消费者隐私权法案》的职责是否由这种公平信息处理条例的程序规划承担或者履行其对积极改变的承诺，取决于我们对语境的解释。我已经指出，将语境理解为社会领域是在我们已经考虑的四种版本中最有可能推动进步的基础。

在将语境理解为商业模式或实践的解释中，语境会由特定业务及后续政策的需求所决定，可能通过服务条款进行信息传递。对电子商务来说，商人要求消费者提供地址和有效付款信息是合理的，但如果商业用途是一张空头支票，而政治经济仅限于构建信息收集和信息主体的关系，那么超越商业利益的标准是无法依赖的。根据定义，哪些行为是否恰当是由每个业务实体自行确定的。这可能意味着信息资源的买卖，从交易中提取信息资源和无限制使用信息（除了少数被隐私立法覆盖的部门）。即使承认商业对社会的重要性，其狭隘的需求也不能为隐私的道德需求提供合理基础。

将语境理解为技术平台或系统是否准确呢？把 Facebook 的个人资料、Bing 搜索、Fit-bit 群组、网络页面和电子邮件交流理解为语境是合乎情理的，但如果将尊重语境理解为隐私的领头羊便是错误的。让技术环境规定道德需求，就意味着平台或系统不仅决定了信息流动的可能性，还决定其正当性。毫无疑问，技术塑造语境，甚至可能是语境的组成部分。技术改变实践，有时也会带动规范和标准随之改变。新技术可能重新配置知识本体，产生新型信息种类、新型行为因素和传播方式。这些可能合理要求对根深蒂固的规范进行审查，并在无规范存在的领域中推动新规范的出台。但允许这些系统完全解释尊重语境的含义意味着允许材料设计确定道德和政治规则。这会导致监管产生扭曲而回应社会意义之外的技术细节。这种将这些系统置于规范解读的范围之外，但将尊重语境理解为隐私领头羊的解释，混淆了技术语境和限定合法隐私期待的语境。

将语境理解为部门或行业的解释非常符合美国分部门管理隐私的做法，并克服了将语境理解为商业模式的某些缺点，因为信息流动规范并没有转嫁于服务个人业务利益的政策，而是由共同使命所引导——理想条件下的集体最佳实践。这也包括行业和商业之外的部门，如教育、医疗、政治、家庭或宗教，适当信息规则可以扩大至超出服务于现有企业利益的范围。然而，具有讽刺意义的是，随着部门范围的扩大，其概念逐渐朝着社会领域的方向发展，而这正是语境完整性理论的起源。

被解释为尊重语境完整性时，尊重语境的原则要求信息流动以信息类型、行为隐私和传送规则为特征，并从利益权衡、对价值和环境目标的影响进行评估。这种评估超越了传统利益相关者的利益，甚至超越了隐私讨论中广泛承认的普遍道德和政治价值。语境不仅是一个被动的背景，而且在这一背景中受影响方的利益被衡量、被平衡和被交易。此外，语境定义了如何权衡这些利益和价值。语境本身的完整性是信息实践的最后仲裁者——充满活力的交易场所、有效的医疗保健、健全的教育体系、真正的民主治理，以及牢固、信赖的家庭和友谊。

总之，要使《消费者隐私权法案》达到推进隐私保护超越现状的效果有赖于如何理解语境在"尊重语境"原则中的含义。商业模式、技术、行业和社会这四种理解模式相互竞争。我认为，第四种潜力最大。将尊重语境理解为商业模式不具有对现状做出任何改进的前景。将尊重语境理解为部门（或行业）略好于前者，但这种方法在推动隐私保护的实际发展上有多大优势取决于如何理解部门的定义。"信息部门"的问题尤其严重，相当于谚语所说的"黄鼠狼给鸡拜年"。此外，如果行业部门在部门构思方式中占主导地位，医疗保健、教育、宗教、政治等部门的影响将被削弱，或这些行业的商业成分可能发挥不相符的作用。将语境理解为纯粹的技术，就意味着技术自解释性和限制条件会限定隐私的合法预期。但这样做恰恰会让事情倒退，并消耗对道德影响语境的尊重。由语境和其他因素塑造的道德合法预期，应该推动对开发人员责任的设计和限定，而不是恰恰相反。

根据将语境理解为社会领域的解释，尊重语境意味着尊重信息规范，此信息规范推动普通道德和政治价值以及特定语境中的目的、用途和价值。信息规范必须明确所有相关参数——行为因素（角色作用）、信息类型和信息传递规则——或提出片面、模糊的规则。在揭示社会价值和适当信息流动之间的关键依赖关系中，语境完整性将彻底推翻隐私只对个人有价值的谬论。

语境既可能由技术、商业实践和工业部门形成，也可能由地理位置、关系、协议、文化、宗教、时代等构成。在个别情况下，上述的任何因素都能限制并塑造人们对相关信息收集、使用和传播的预期。然而，这些因素都无

法提供正确的分析层次或使社会领域具有同等的道德和政治价值。因此，我
建议对《消费者隐私权法案》中尊重语境的原则进行以下修正：

尊重语境意味着消费者有权认为公司收集、使用、发布个人数据的方式
应符合消费者提供数据的（社会）语境。

PRIVACY IN THE
MODERN AGE

隐私、自主性和网络平台

弗兰克·帕斯夸莱[①]

从什么时候开始，互联网平台成为了用户实现心愿的阻碍而不是助手？Facebook 最近的心理学实验尖锐地向互联网平台的双方人群提出了这个问题。普通的 Facebook 用户甘心忍受更具侵入性的市场操纵，却因非商业原因的新闻操纵而陷入惶恐。Facebook 内部研究人员（和大学的合作研究者）的身份受到了质疑。他们是真正的科学家还是新型的窥探者？

鉴于内部人士和外部人士所面对的苛责，现在是时候将有关实验的新闻报道提升到"自主权丧失"的层次了。普通用户订阅新闻推送时不能访问、挑战或尝试改变 Facebook 使用的代码，只能使用 Facebook 提供的原始程序化方式。社会科学家们获取所需数据时，也必须遵守 Facebook 的规则——我们可以将知情同意程度更高的过程假设为默认或明确的拒绝。因为 Facebook 的普通业务具有过多的干扰性，所以，研究人员受限制的自主性反过来导致了

---

① 弗兰克·帕斯夸莱自 2004 年起在霍尔大学教授信息和健康法。

对用户自主性的损害。这是以市场合理性的名义牺牲价值的典型案例，这在普通用户的互联网体验中是一个更大趋势的缩影，也是研究人员自身的技术经验。

一切为了改善用户体验

如果向某个网络平台的发言人咨询其公司为何做出某一决定，那你得到的回答都会围绕着"改善用户体验"。但我们都知道，真正被看重和改善的只是某一部分特定的用户体验。如果 Facebook 要继续满足华尔街对发展的需求，其用户群必须扩大，个人用户也可能需要变得更加"活跃"。预测分析要求规范化——按可预测的用户人均盈利估算。用户对广告的点击量越多，购买产品越多，则盈利越多。其次，用户吸引其他潜在广告点击者的数量越多（通过点击内容、促进讨论、寻求帮助，等等），此用户对此网络平台的价值就越大。"模范用户"会提升知名度，通过现身说法对他人的网络行为进行暗中引导。他们可能永远不会获得"雷锋"的名称，但 Facebook 王国乐意以提高知名度来回报他们，只要高管和股东的投资得到回报。

随着越来越多的人明白"免费"使用 Facebook 的含义，即他们自身就是服务产品，他们也认识到真正的付费客户是广告商。正如凯瑟琳·海尔斯（N. Katherine Hayles）所指出的那样，关键问题在于："普适计算是否会被迫成为掠夺性资本主义的掩护，我们能否抓住机遇发掘更多解放式的用途？"我认为后者是有可能的，但是 Facebook 不断证实了科恩·朱莉（Julie Cohen）对监控—创新综合设施的批判。在该公司长期以来有违伦理的决策中，这次实验的失败只是最近发生的一次，相似案例还有很多。

不幸的是，许多硅谷专业人士根本无法理解这些大惊小怪的原因。对他们来说，A/B 测试只是一种生活方式。赌场和大型互联网平台之间有一些相似之处。罗博·霍宁（Rob Horning）认为："社交媒体平台的设计目的之一是具有黏性……类似于老虎机，刺激'上机时间'的延长以保证'连续游戏生产力'（即玩家的金钱支付），社交媒体网站的设计目的是最大限度地延长网站浏览时间，以提高用户对广告主的价值……并以社交网站保留权利的数据共享和处理的方式，逐渐提高用户生产力。"因此，我们会看到"青少年使用Facebook 根本停不下来，即使他们讨厌这个网站"之类的头条报道。我们可以通过社会生物学途径对其行为进行调节。网络平台基于复杂的心理特征描述，对我们进行了不断的塑造。

被资助者和委员会成员

Facebook 模范（即示范）用户的特征在许多方面反映了公司对模范用户的约束，即数据科学家试图基于一定的数据点集和理论去建立现实的程式化版本（模型）。Facebook 的情感实验是更大的社会科学重塑的一部分。到何种程度时，学术界会对 Facebook 等数据驱动公司进行研究，会尝试联合公司内部研究人员研究其他公司？

目前的激励机制是很明确的：与大数据公司合作（而非提出针对公司的批判理论）。泽伊内普·图菲克希（Zeynep Tufekci）表示："最有价值的数据集已经属于企业，专有的顶级期刊都期待看到企业公开数据。""大数据"仅仅因为其包罗各种现象的速度、容量、多样性就具有了科学有效性的光环。从超过 60 万个账号的行为研究中，心理学家一定能有所收获，不是吗？

然而问题在于，企业的操纵"科学"与学术科学伦理中的公开和可复制性远远不同。这已经在企业与学术建模的交叉中产生了一些困境［如"谷歌流感趋势"（Google Flu Trends）的失败］。Facebook 的内部研究人员曾担心，对单个用户进行多次实验，可能会影响各项研究的结果。规范化审查可以防止这种现象的发生。但是，事实正如硅谷伦理中的"快速行动和取得突破"一样，速度是最重要的。"审查过程并不存在。任何人……都可以运行测试……尝试改变人们的行为。"一位曾从事 Facebook 数据研究的科学家说道。

为什么学术期刊对这种形式的研究如此感兴趣？为什么学者会加入这一阵营？幸运的是，社会科学已经成熟到了一定程度，现在有大量有见地的文献在讨论社会科学的本质。我知道，这可能听起来很像元语言，这正是被那位只会纸上谈兵的参议员科伯恩（Coburn）排除于科学殿堂之外的类型。但它确实对权力和金钱如何塑造知识提供了一个必需的历史视角。例如乔尔·艾萨克（Joel Isaac）发表于《冷战（社科版）》（*Cold War*）杂志上的文章《复杂的循环》（*Tangled Loops*）：

在冷战前二十年，一种新型学术形象在美国公共生活中逐渐凸显：获得证书的社会科学家或管理科学专家，即现在的"企业家"。一些学术天分极高的人被纳为政府幕僚，在政府职位上发挥他们的智慧和组织才能，如曾任国家安全顾问的麦克乔治·邦迪（McGeorge Bundy）、曾任国家首席经济顾问的沃尔特·罗斯托（Walt Rostow），以及曾任美国国防部长和世界银行行长的罗伯特·麦克纳马拉（Robert McNamara）等人。一群相互重叠的学者变成了政策制定者和政治顾问，涉足的问题从社会福利供给到新兴后殖民国家的国家建设。战后时期社会科学和管理科学的领军人物塔尔科特·帕森斯（Talcott Parsons）和赫伯特·西蒙（Herbert A.Simon）等人都是此类经验丰富的科学经纪人：尽职的"委员会成员"、获奖者、跨学科研究支持者和制度建设者。这一形象以精明、西装革履、商业化为标志，并与新型技术精细化的社会科学相连接……落伍的"社会科学"被精确的、行为的和以系统为基础的"人际关系"方法所淘汰，如运筹学、行为科学、博弈论、系统论、认知科学等。

艾萨克在这篇文章中的主要贡献之一是将学院（以及 RAND 公司等机构）产生的社会科学解释为一种文化实践："只要理论涉及一定形式的实践，它们就会陷入平凡的世俗之事：性能、动作、培训制度，等等。"政府发挥资金的杠杆作用以促进研究达到特定目的。为了维持高校资助体系和研究中心的运转，机构领导人必须与资助者保持良好关系。推动美国经济发展的共同目标巩固了意识形态的联盟。

美国政府在社会和行为科学上仍然具有影响力。但私有产业控制最吸引人的数据驱动型研究所需的关键数据集。在冷战时期，"获得资助"可能一直是经济安全和确保个人在大学中的话语权的关键。如今，"退出"选项比话语权更重要，那么还有比互联网平台更好的退出目的地吗？因此，学术／企业"转换者"在这两个世界之间来回穿梭。他们的研究不能过于唯利是图，以免被学院派轻视，但也不能过于沉湎于批判理论（如非营利社交网络的描述），正如《冷战》杂志上的那些社会科学家被愚蠢地建议说，要发扬推广经济学家缪尔达尔（Myrdal）或里昂惕夫（Leontief）的理论。最终，弗里德曼货币学派的经济学还是会攫取大量金钱。

学术危险系数的增大，也使得企业数据科学的花言巧语成为"无法拒绝的条件"。铁饭碗工作正变得越来越少，于是随着 MOOC 传播者追求学术的非技能化和商业化，产业的效益和灵活性正在变得越来越吸引人。学术伦理审查委员会可能会带来沉重的官僚负担；而企业界的活力却要大得多（例如，Facebook 授权的所有防御系统都强调企业研发仅需要经历微乎其微的审查，即满足老板的要求即可，无论你的目标或方法在纯学术背景下会产生多大困扰）。

创建种类

那么，为什么创建种类比那些在数据科学前沿方面很有天赋的个人更为重要？艾萨克的话可以解释其重要性：

人文科学的理论和分类并没有"发现"一个独立存在的现实，而且这一现实是他们在某种程度上帮助创造的。其中的大部分都归结于知识的宣传。在人类对公众的可用性这一科学描述中，他们可能"改变我们看待自己的方式，改变我们的自我价值感，甚至改变我们回忆过去的方法。"

对互联网企业来说，划分类别是非常困难的，因为他们的大部分业务操作都是商业机密（不要再犯 Facebook 的混乱公关错误，这会导致公司对其数据科学更加保密，正如被攻击的对象开始掩饰其与怀孕相关的广告，但并没有回应其对出生日期预测的不可思议的准确性给人们带来的恐惧）。但公司的数据收集为市场营销人员、美国国家安全局和任何有资金或权限访问信息的人创造了一种全新的人类。

更有可能的是，Facebook 的数据库编码使用的是一些新的、温和的设计标准手册，其涵盖的类别包括需要诱导购买更多产品的吝啬型；需要节俭提示的挥霍型；需要隐藏在新闻推送中以免惹人生厌的恐怖型。我们的新型"科学超市"创造了这些新新人类，也改变了他们，因为"新的分类和理论化导致了自我概念的变化和被分类的人群的行为变化"。也许在未来，被 Facebook 列为"轻度抑郁"类别的用户群会看到更多快乐的推送。而轻度躁狂类型也许会适当下调。或者如果他们的状态有利于业务发展，这种状态将会被培育和推动。

你可能会认为最后一项可能性是不公平的，或是对 Facebook 的力量的误解。但是，难道不应该将孩子排除在情感实验之外吗？难道不应该将那些可能患有临床抑郁症的人排除在外吗？独立的审查员不应该询问这些可能性吗？新闻记者试图向我们保证，Facebook 较两年前已有改进。但是随着资金削减威胁研究者的自主权，社会科学中的权力不平衡仍然存在。在总体研究的价值被恰当认识之前，我们依然可以期待更多的心理学家、人类学家和数据科学家参加企业的研究计划，而不是质疑为什么关于用户的数据比关于公司行为的数据更多。

20

PRIVACY IN THE MODERN AGE
健康隐私的未来

黛博拉·皮尔博士 [1]

在展望美国未来的健康隐私之前，我们首先必须检查目前拥有的健康技术系统。保护个人健康信息的需要是争论的要点。健康信息隐私权是指个人对其可识别的健康数据的获取、使用或披露的控制权。很明显，隐私权意味着对个人数据的控制，而不是保密。

公众认为，《健康保险可携性和责任法案》（*Health Insurance Portability and Accountability Act*，*HIPAA*）保护敏感健康数据的隐私，但现实是在目前的医疗信息技术系统中，病人对其个人健康数据并没有表决权和控制权。自病历被以纸质形式保存以来，个人就已经失去了对其健康信息的收集和使用的控制权。

---

[1]　黛博拉·皮尔是一位医学博士，也是患者隐私权组织（PPR）的发起者，PPR 是世界顶级消费者健康隐私倡导组织。

现状

现行实践的后果是令人吃惊的。美国的健康信息系统导致了全球范围内对个人敏感信息最大规模的持续侵犯。在美国，有将近一百万健康数据经纪人在从事个人健康数据的买卖交易，每天的交易量高达上百万次，这些交易都没有告知当事人或获得其同意。这种系统性的隐私泄露规模大于受害人的信息安全漏洞。这种系统性的隐私漏洞的规模是大于目标的数据安全漏洞，影响了 4 000 万条信用卡数据，7 000 万条电话号码和电子邮件地址。

今天的医疗保健机构、政府、技术供应商和健康数据持有者将病人数据视为其专有资产，仿佛个人在控制本人健康信息的使用上没有基本的法律或道德权利一样。

在证券交易委员会首次公开发行股票以进行股票出售时，需要详细登记个人健康数据的私密使用。购买、销售和交换个人信息是顶级公司提供信息、服务和技术的商业模式。美国政府问责办公室将这些公司称为"信息销售商"，美国联邦贸易委员会和洛克菲勒 2013 年度报告则称其为"数据经纪人"，这些公司默默无闻，且并不为外人所了解，但其年收入达到了数千亿美元。医疗保健系统内外销售和使用敏感个人健康信息的年收入总额则很难统计。

各州和联邦政府也在出售或披露个人健康数据。healthdata.gov 发布了 1 000 多个供公开使用的公共卫生信息数据集，尽管"开放数据"运动的意图是公开政府数据，而非个人数据，但美国各州都在销售新生儿的血斑，另有 33 个州在销售住院和门诊数据。

此外，在目前的健康技术系统中，个人健康数据的人为和电子使用日均达到数百万次，但个人却一无所知。目前并不存在跟踪健康数据流向的全面数据地图。

问责制或透明度在病人健康数据的收集或使用方面也处于缺位状态。2009 年《美国复苏与再投资法案》(*American Recovery and Reinvestment Act*) 医疗技术部分要求对电子监控记录的所有病人数据实行"披露问责制",但其相关管理并未执行。个人无法接触"监管链",因此他们可以跟踪所有用户最敏感的个人数据。然而,个人健康信息以及与我们的思想和身体有关的数据,是数字时代最有价值的商品。

这一切是如何发生的

国会尝试对医疗保健系统内部的健康信息进行强大的联邦数据隐私保护。2001 年,布什总统首次发布了《健康保险可携性和责任法案》(HIPPA) 隐私条例。

2002 年,美国对该法案进行了修订,如删除了同意权,即控制个人健康信息的使用和披露的权利。"同意权……被新的条款代替……为相关机构因治疗、支付或健康保健操作原因使用和披露健康信息提供了监管许可"。但这一关键事实并没有被媒体报道。

这句话将《健康保险可携性和责任法案》隐私条例变成了"数据披露条例",健康数据经纪人或"信息经销商"等未经患者知情或同意,对其个人健康数据进行的收集、交易、销售和使用这一庞大产业起到了推动作用。当前美国的健康信息技术系统并没有引入《公平信息处理条例》和隐私增强技术。

当前和过去的行政机构、国会、美国卫生与公共服务部、医疗服务产业以及健康信息技术产业在没有病人知情或同意的前提下共同打开了国家的个人健康数据宝库。美国政府 2012 年发布的《消费者隐私权法案》针对个人应该控制电子系统和网上个人信息提出了广泛建议，但不幸的是，个人健康数据并不包含在内。

公开国家健康数据有多重良好愿景：降低医疗成本、提高医疗质量和人口健康素质、提高效率、建设学习型的医疗体系、为研究突破提供可能、释放创新潜力，等等。但与核能一样，公开个人数据是一把双刃剑。

意料之外的后果

关键的问题在于，隐私是治疗、提高医疗保健质量和信任的基础。目前与精神健康治疗、癌症治疗、性传播疾病、处方记录、索赔数据和个人健康信息相关的个人数据在社会媒体和搜索引擎上在线发布，并被用于买卖，医疗保健系统内外每天的交易量达到数百万次。

现在，每年有 4 000 万 ~5 000 万的美国患者意识到健康信息技术系统并没有对自己的隐私采取有意义或全面的数据隐私保护和行动。每年隐藏健康数据的人数达到了 3 750 万。上百万人拒绝或推迟癌症、精神疾病或性传播疾病的治疗。健康技术系统对个人信息不保密的现实让他们把个人健康和生命置于危险之中。

与纸质病历的漏洞不同，电子健康记录的漏洞无法确定，而且被侵犯的隐私无法恢复。消费者凭借信用卡账号可以关闭账户、终止授权并补发信用卡。财务风险很快会被降至最低水平。而在电子医疗保健系统中，个人健康数据存在于上百万个数据库中，病人对此并不知情且无权访问。这些信息可以同时被数百万人和机器读取。如果医疗领域发生数据泄露，隐私便无法恢复。一旦信息在网络信息系统中被不恰当公布或散布，敏感的医疗信息就根本无法删除。

结论与对策

我们为什么要容忍为四五千万人造成"不良"数据和不良健康结果的技术呢？

《美国复苏与再投资法案》对医疗技术系统投资 290 亿美元的原因是为了防止每年高达十万次的医疗失误。但健康数据隐私泄露受害者的人数是医疗失误受害者人数的四百至五百倍。现行和曾经的管理部门的良好意图可以通过使用隐私增强技术来实现，并将防止"坏"数据和现在正在发生的相应不良后果。

当然，隐私保护应该在现实场景中考虑。此场景是，公众相信最敏感、最能透露真相的数据，即个人健康数据，应该获得在所有数据中最强大、最全面的隐私保护，而且他们应该对控制数据使用有自主决定权。希波克拉底誓言认识到了隐私对治疗的关键作用，重温这一誓言也会赢得公众对医务人员和卫生保健系统的信任。事实上，保护个人健康数据隐私的需要，为建立强大的电子系统和在线数据隐私保护提出了最好、最有力的"使用案例"。

为达到保护个人健康数据的目的，美国需要开发并使用隐私增强技术，如强有力的网络入侵自动检测系统或证书、安全电子邮件通信系统、数据访问强力控制系统、许可指令管理系统和允许患者分割（阻止）敏感信息、健康数据库、自动下载个人和用户列表中的所有数据的电子健康记录，等等。应以有意义、全面的数据隐私保护来弥补法律缺陷。严格的数据隐私和安全保护应该"与数据紧密相连"，并在医疗保健系统之外应用，应涵盖含有健康信息的其他所有环境，如通常包含学生的个人健康信息的学校记录系统。

95% 的美国公众认为他们应该能够自己决定看到和使用本人健康数据的对象。史蒂夫·乔布斯曾有先见之明，认为允许个人定制自己所喜好的技术是苹果成功的关键之一。创新的医疗技术能够让每个人准确定制哪些健康信息可以公开以及向哪些对象公开。目前已经存在许多隐私增强技术，但并没有被广泛使用。目前健康数据缺乏"互操作性"的状况也会有所改善，患者能对其最敏感的电子资产——个人健康数据的用途进行保留和控制。当患者可以控制个人健康数据时，电子系统和网络隐私缺乏这一由技术使用所带来的最大问题就会得到解决。公众迟早会发现，政府和业界已经消除了电子系统和网络隐私。

为了修复公众的信任和使用科技的意愿，未来的个人隐私将实现个人对健康数据的控制。科技产品和服务将被用来保护个人隐私，并使个人收回对敏感健康信息的收集和使用的控制权。

如今，所有其他产业都通过网络与公众进行直接有效的交流。我们可以轻易在线查看、控制并转移资金；我们也应该对个人健康信息拥有同样的权利。为了成功并获得公众信任，医疗保健产业和政府对健康数据的管理应该像银行对网络银行系统中的资金管理一样保持可问责和透明。政府和产业应该尊重并确保守法公民"不被打扰"的基本权利。健康技术应该像医生一样起到治疗作用且不产生伤害。

21

PRIVACY IN THE
MODERN AGE

匿名和自由言论：ICANN
能否实现匿名域名注册

斯蒂芬妮·E. 佩兰（Stephanie E. Perrin）[①]

导言

在过去的 14 年间，互联网名称与数字地址分配机构（Internet Corporation for Assigned Names and Numbers，ICANN）一直在个人或机构申请获得网域名称时，是否必须向域名查询服务目录公开姓名、地址和电话号码这一问题上存在争议。该目录在网络上可以免费查询，并通过域名注册强制执行。若未按约定承诺申报并公开登记人信息，域名将无权出售或转让。为保证执法，2013 年的登记协议也要求，在注册者最后一次与客户接触之前，所有详细信息均应暂交第三者托管，期限为 18 个月。ICANN 对数据保护法律的现实做

---

① 斯蒂芬妮·E. 佩兰是加拿大联邦政府职员，具有 30 年工作经验，主要处理信息政策和隐私事务。

出的唯一让步就是，如果注册者能证明即将（或曾经）违反数据保护法律，则允许注册者申请放弃部分关于收集和公开数据的合约要求（ICANN 的总部设于加利福尼亚州，故此举措未受到法律阻止[①]）。这使一些欧洲的注册者举步维艰。

民间团体从最开始就呼吁隐私保护，保护对象不仅限于个人，还包括小型企业、非政府组织以及自由言论权和集会权受保护的组织。享受匿名域名注册的待遇，可以使那些身处危险领土或逃离政治虐待和迫害的人行使自由言论权。这带动了代理和隐私服务供应商的发展，他们同意向域名查询服务目录提交自己的信息，并以此掩盖真实的域名注册人或执照持有者。很多域名注册人提供的信息都是错误的，这导致了对注册人提出具有更高准确性、更大问责制和更严格的验证责任的要求。执法和知识产权持有人进行调查和执行时，均要求准确信息，而目前已存在依靠域名查询服务数据提供增值服务的小型经济产业，范围包括市场研究、商标监控、域名保护和网络安全。在过去 14 年中，利益的多元化已经导致了相当棘手的斗争，很多已完成的域名查询服务研究并没有达成一致的结论。专家工作组（EWG）编纂的最新报告已经持续进行了 18 个月，人们期望这一报告会带来一些进展。[②]

保护面临危险的个人和团体

有人建议 ICANN 应为面临危险的个人和群体匿名注册域名提供安全匿名

---

① 加利福尼亚州在美国的隐私保护立法上一直走在前列。——译者注

② 也许值得注意的是，作者不幸被迫与最终报告保留不同意见，因为其中的一部分其他规定会对隐私保护造成消极影响。

凭证，这一建议具有创新意义，在言论保护上可以说是前进了一大步。而域名注册几乎是最有可能追踪持不同政见者或逃离家庭暴力者的方式，而目前的事实是，许多注册者甚至包括代理注册者在面对执法要求时会马上提供其客户的身份和地址。对恐惧家庭暴力或受到宗教迫害的注册者来说，他们的数据隐私也面临着被侵犯的风险。如果在域名查询服务等级、注册者档案或要求的数据托管中均不提供个人地址和细节信息，就能避免这种风险的发生。尽管保护域名用户的身份或行踪不能依赖于这种方式，但它意味着 ICAAN 对匿名言论权的重要认可。本报告列举了五种不同类型的注册者可能需要安全证书的例子。

1. **宗教少数群体**。宗教团体在世界各地的许多国家都受到迫害，一些宗派和教会只能进行秘密集会，但这些宗教团体依然需要途径来通知社团的重要事件，如婚礼、葬礼和礼拜等。

2. **家庭暴力**。包括加拿大和美国在内的多个国家都为处于危险中的个人提供新的身份。其中最著名的项目是美国的证人保护计划，但也有针对逃离家庭暴力、逃离宗教派别威胁和众多前政府特工的保护条款。

3. **政治言论**。在世界各地的许多国家，那些在选举中失败的人经常会面临叛国、欺诈和各种其他类型的渎职指控。这种类型的挑战多种多样，例如，确定哪些人因为在博客中发表言论而面临危险，确定鼓动违反当前法律的环保主义者是否应该得到保护，等等。

4. **种族或其他社会团体**。这一类别包括受歧视的种族群体，例如欧洲的罗马人、一些国家的少数民族或移民群体以及其他受歧视的人群。这可能包括在某些国家的同性恋社群、妇女权利或教育团体，以及其他多种类型的社会活动。

5. **记者**。《纽约时报》、半岛电视台等主要新闻机构很容易获得凭证，但这对独立记者、博主和知名度较低的出版物来说却要困难得多。我们可以考虑由通信社和人权团体就如何确定谁可以获得凭证提出建议。我们很容易想到ICANN并不愿卷入诉讼，所以可能会应用一些限制，否则整个提议都不可能被接受。其基本概念是，面临危险的个人或群体可以（最有可能通过代表或代理）提请法庭或ICANN独立组建的董事会判决。董事会将听取个人或团体在可存取数据上所面临的风险陈述，且很可能会要求证明人（取决于请求者的种类）证实诉求。随后，理事会将授权通过市场上的任何匿名凭证颁发安全证书，如微软公司的U-Prove或IBM公司的Identity Mixer。

基本上，持有人可以通过这些证书证明其所具有的各种属性特征，例如，他或她已获得信任机构的认可和认证，或已经购买了特定的权力或服务。他们使用加密证明和数字签名，但无需透露任何个人信息。信赖凭证方使用安全密码验证对象是否得到授权，但既不需要知道他们是谁，也不需要知道他们得到授权的方式。这意味着上述弱势群体或其代表可以向某信任机构购买所需的服务并获得可信凭证。

在域名注册的情况下，可信凭证的获得者会将其交给隐私/代理服务提供商，由其服务商注册域名，并向域名查询服务数据库提供服务商自身的信息。在与域名问题有关的事件中，仍然可以通过安全的电子邮件联系真实的域名注册人，如果发生纠纷时，他们可以选择不出面，而是快速撤销该域名。

实施中的挑战

在实施中，出现了以下一些现实问题。

1. 谁来决定哪些人正处于危险之中并能获得匿名凭证？ 目前的公开建议是，

应该成立某种有权授予许可的法庭。

2. **谁支持匿名注册？** 如果系统中存在其他可以追溯至注册人的痕迹，那么匿名注册就没有任何意义。目前的提议是，代理人或被认可的团体（如记者协会或理事会）必须根据注册类型证明其要求的有效性。

3. **凭证由谁发放，凭证如何使用？** 许多已经从事凭证业务的公司可能会乐于进入这一行业。代表弱势群体的团体或个人会将董事会批准的令牌作为凭证提供者的凭证，而供应商则会发布一段时间内有效的安全凭证。然后，这会被提供给接触数据并在域名查询服务中登记的代理服务商。在这一过程中，ICANN 控制的生态系统中不会出现个人数据。

4. **如何确定一个人不是骗子，系统对滥用行为如何处理？** 我们必须依靠证明人来证明凭证申请人的可靠性，但对于证明人或团体来说，其证明责任存在风险。当出现滥用行为时，他们必须承担责任。恶劣的滥用案例（虐待儿童、严重的商标侵权、恐怖主义，等等）会降低系统的权威性并引发对其存在合理性的质疑。

5. **谁该对滥用行为负责？** 在滥用行为发生时，安全凭证具有从内部锁定身份凭证并将其公开的能力。这种用途的目的是为了落实责任分配。在犯罪活动中，这种用途起到的作用微乎其微，然而，快速撤销域名的办法可能会起到更好地降低风险的效果。

在处理弱势群体问题上，考虑这些利益相关者面临的所有潜在风险是很重要的。虽然一些代理／隐私服务供应商会保护他们的客户应对所有指控，但也有一些服务商选择不与当地执法机关、强大的商业利益相关者或政府人员发生冲突。这种选择可以保护域名持有者远离立场不坚定的服务供应商、社会工程攻击、黑客或彻底查封服务器和记录的风险。这种做法对域名注册人及代理服务商也具有保护作用。无人知道他们应对的对象是谁。对一些人来说，这是一个难以接受的概念。

实施要求

在当前讨论的管理互联网治理问题上，ICANN 的民间团体已经力不从心，因此，如果这次想要取得成功，那它们就需要获得通常不参与 ICANN 事务的同行的帮助。

下文列举了需要完成的任务清单，以保证成功开发出可由 ICANN 实施的程序。

1. 确定安全证书资格标准的程序，应从上述用户和在政策发展中被 ICANN 团体承认具有正当资格的用户着手。这是一个具体政策。

2. 申请表、所需证据、财务系统，这些信息的重点是确保请求者（在某些情况中还包括请求者的代理）的身份得到保护。这在任何匿名系统中都是一个关键弱点。

3. 独立法庭或理事会负责评估安全证书的申请和可信组织的证明，如授权域名更改的政府、从事难民保护的联合国组织以及国际记者协会等机构。该法庭可能包含联合国教科文组织或其他机构代表。申请审核很可能只需要组织小规模的陪审团。

4. 愿意接受安全凭证并使用安全财务支付系统的认可代理供应商。目前可以使用比特币，但应对可替代的匿名现金系统进行评估。

5. 需要在总体政策中包含与加快移除程序和其他滥用缓解措施相关的政策。然而，为了做到这些，应进行详细的风险评估。网站主动监测可能会较好地控制风险。许多持不同政见的网站早已需要增强安全性，因为它们是长期被监控的对象，所以对滥用的监控是一种廉价扩展组件。

其他风险

安全凭证没有得到广泛使用的原因之一在于实施的复杂性，特别是注册和撤销。有人认为，所有人或机构都应该具有注册资格，但鉴于搭建这种服务并确保其不被用于欺诈或犯罪目的所需的大量工作，专家工作组认为这种方法并不可行。专家工作组建议 ICANN 考虑开发限制使用的安全保护凭证，并确保可使用服务的机构确实对这种最大限度的隐私保护具有合法需求。

人们还发现，一旦某网络域名被注册且使用该域名的网站进入运营，那各种互联网流量的元数据和内容可能会对域名用户进行识别。这不属于 ICANN 的涉及范围，ICAAN 仅关注于域名注册问题以及为满足伴随 ICANN 范围内的特定目标而来的信息收集、使用和披露问题。获得安全受保护证书的机构，必须对网络域名实际使用中所产生的信息负责任，在提供信息的同时强调风险对公民社会组织来说是很重要的。

主要利益总结

对于公民社会和人权积极分子来说，对匿名自由言论的争论具有广泛的群众基础。不断变化的互联网生态系统使得匿名自由言论越来越难以实现。如上所述，随着敏感、准确的域名目录提出的需求越来越多，适用于代理和屏蔽服务的资格认可和应用程序越来越严格，保护脆弱群体便越来越重要。该系统将保护那些最需要使用互联网来实现群体内部的自由言论和沟通的人，同时提供滥用补救措施。它消除了注册人的重大安全风险和潜在责任，注册人只需为社会工程攻击中公开高度敏感的个人信息承担责任。最后，它将确立程序，使弱势群体从拥有自己的互联网域名中受益。

22

PRIVACY IN THE MODERN AGE

通过版权法保护隐私可行吗

帕梅拉·萨缪尔森 [①]

塞缪尔·沃伦和路易斯·布兰代斯曾针对认可法定隐私权进行过著名辩论，令人吃惊的是，他们大量援引了版权规范和案例法来支持他们的观点，即隐私利益在过去和现在都应该得到保护。他们认为：

> 通常来说，个人应该能够决定其思想、感情和情绪对他人的公开程度，此决定权受普通法保护。在现行的政府体制下，个人不能被强迫公开上述信息（出庭作证的情况除外）；即使选择公开，个人通常保留对信息应有的公开程度的限制权。这一权利的存在并不取决于所采用的特定表达方式，无论是文字、符号、绘画、雕塑或是音乐。此权利的存在也不取决于该思想或情感的性质或价值，更不取决于表达方式的卓越程度。

> 不论是随笔信件、私人日记，还是最具价值的诗歌或散文，不论是拙劣

[①] 帕梅拉·萨缪尔森是加利福尼亚大学伯克利分校谢尔曼（Richard M. Sherman）教席杰出教授，兼任伯克利法律和技术中心主任。

的修补或涂抹还是大师手笔，都享受同等的保护。

对这些信息传播的控制权可能以财产权为部分依据。但是沃伦和布兰代斯认为财产权并不能解释全部原因："个人创作的价值并不体现在对内容公开所得利益的享有权，而是体现在对任何公开的阻止权提供的心灵安稳或救济，在这一术语的通常意义中，很难把这种权利理解为一种财产。"

例如，假设某人在信件或日记中记录了他于某日未和妻子共同用餐。沃伦和布兰代斯则认为："不论这些文件落入谁手，都不能将其公之于众，即使获得这些文件的途径合法；且禁令不局限于对信件或日记副本的公布；约束范围还包括对其内容的出版。被保护的对象是什么？当然不是记录丈夫未和妻子共同用餐这一事实的知识产权行为，而是事实本身。受保护的不是这一知识产品，而是这一知识产品所记录的家庭私事。"文章对多个著作权案件进行了讨论，其中版权诉求被用来保护个人的隐私权益。沃伦和布兰代斯认为，应将隐私权确定为一种受法律保护的单独权益，而非受版权或其他法律间接保护的新生利益。

在这篇开创性的文章发表125年之后，隐私权被普遍认可并成为评论的关注点之一。即使其范围仍然存在相当激烈的争议，且安全程度可能低于沃伦和布兰代斯所期待的结果。本文将探讨版权在近代是否已经成为，至少在某些情况下，比仅靠隐私法保护隐私权益更有效的方式。

当隐私权与对有新闻价值的事件的公开权发生冲突时，隐私法的局限就变得十分明显。《时代周刊》（Time）诉 Sand Creek 公司案便是典型案例。《时代周刊》诉称，Sand Creek 公司获得了《时代周刊》摄影师的胶卷，照片拍摄了朱莉亚·罗伯茨（Julia Roberts）在婚礼当天身着婚纱与丈夫拉尔·拉维特（Lyle Lovett）站在音乐会舞台上的场景，该音乐会在 Sand Creek 公司的场地举办。Sand Creek 公司职员从摄影师中夺取了照片胶卷，并且拒绝归还。《时代周刊》起诉要求收回对该胶卷的所有权。

　　法院承认拉维特（含罗伯茨）拥有摄影师涉及的隐私权及与其相似的财产权。然而，在法院看来："胶卷中描绘的图片'新闻价值'优先于拉维特可能对其享有的任何隐私权。拉维特和罗伯茨是家喻户晓的名人，在这个意义上是公众人物，此外，他们对突然举行的私人婚礼进行了高度宣传，且罗伯茨身着婚纱公开出现数千人围观的舞台上，这是公众普遍感兴趣的新闻事件。"因此，《时代周刊》有权收回胶卷，并有权在新闻报道期间免费发布照片。

　　四分之一的近代案例都表明，至少在某些情况下，版权法可以提供一种方式来保护照片中人物的个人隐私权益。事实上蒙赫（Monge）诉《玛雅杂志》（*Maya Magzine*）案与《时代周刊》诉 Sand Creek 公司案类似。蒙赫是一位著名歌手和模特，向家人和粉丝隐瞒了她秘密与其经纪人成婚的事实。但这本名人八卦杂志刊登并报道了有关其婚姻的新闻和婚礼照片。蒙赫以版权侵犯为由起诉该公司，第九巡回上诉法院的陪审团保留争议支持了蒙赫的诉求。

　　该杂志援引 Nuñez 诉加勒比国际新闻集团案来支持其合理使用抗辩。Nuñez 曾拍摄过一组模特写真并拥有照片版权，那位模特后来当选为波多黎各小姐。加勒比国际新闻集团刊出了这组照片中的一部分，并以此争论穿着如此暴露的人是否对波多黎各小姐的王冠当之无愧。审理 Nuñez 案的第一巡回法院认为，报纸在参与公众对其获得荣誉资格的辩论时篡改了照片的用途，因为原照片的拍摄目的是截然不同的。Nuñez 拍摄照片时并没有将其出售给新闻媒体的意图，法院并不认为他的作品流入市场造成了伤害。

　　尽管第九巡回法庭认为蒙赫的婚礼照片有新闻价值，但该法庭不同意《玛雅杂志》关于改变用途的辩词。法院将《玛雅杂志》刊登婚礼照片的行为与路透社侵权公布《洛杉矶新闻》（*LA News*）拍摄的罗德尼·金（Rodney King）比赛视频的行为相提并论。照片并没有被"物质上或有创造性地改变"，其性质毫无疑问是商业的。而《玛雅杂志》侵夺了摄影师控制照片首次发布的权利和以此获得巨额赔偿的权利。至于《玛雅杂志》的本意仅仅是报道蒙赫的婚礼，法院认为，《玛雅杂志》本可以公布结婚证书的信息。公布照片而导致私人婚礼曝光并不是必要行为。

鉴于《时代周刊》诉Sand Creek公司一案，蒙赫似乎不太可能在针对《玛雅杂志》的隐私权诉求上胜出，特别是考虑到该杂志获得照片的途径并不存在过失。令人好奇的是，第九巡回上诉法院对蒙赫案的分析中并完全没有涉及婚礼照片作者的身份。蒙赫和她的丈夫都站在人群中间，因此照片不可能是她本人拍的。为了提起诉讼，蒙赫一定事先购买了照片版权。这张照片的拍摄目的很可能是为了给幸福的夫妇记录欢乐的场景。在 Nuñez 案中，其与《玛雅杂志》曝光照片是为了公开歌手隐婚事实的目的明显不同。持反对意见的法官指出，但蒙赫为公众人物压制负面新闻时提供了可借鉴的先例，但这种做法是不可取的［如安东尼·韦纳（Anthony Weiner）的裸照自拍］。

巴尔斯利（Balsley）诉 LFP 案也涉及了保护隐私权的版权声明。巴尔斯利是一名电视新闻主播，她在酒吧参加了一项湿衣比赛，并在活动中裸体跳舞。一名业余摄影师拍了她多个裸体镜头并把照片上传至网络。

成人杂志《好色客》（Hustler）的热心读者在互联网上发现了这些照片，并提名巴尔斯利参加《好色客》的"最热新闻宝贝"大赛。《好色客》在杂志上登载了一张巴尔斯利参加湿衣比赛的现场照片。巴尔斯利在诉称《好色客》侵权之前已经获得了这些照片的版权，目的是压制照片的继续传播。第六巡回上诉法院判决巴尔斯利胜诉，并驳回《好色客》合理使用抗辩的请求。

希尔（Hill）诉美国公众利益倡导联盟（Public Advocate of the United States）案是第三个类似案例。案件当事人是美国新泽西州的一对同性恋情侣，他们在网上发布了一张由大学同学希尔拍摄的约会照片，照片中出现了他们手牵手的接吻镜头。科罗拉多的一些政治保守派协会将这张照片的接吻部分用在针对国家立法者支持同性婚姻法案的政治广告中。希尔起诉要求停止版权侵犯，同性恋情侣当事人则起诉美国公众利益倡导联盟侵犯其肖像权。

而法院否决了侵犯肖像权的诉求，依据是第一修正案保护公众利益倡导者联盟对其肖像的使用，因为"肖像使用在公开有新闻价值或合法公众关切的问题上是合理的"。然而，在版权索赔的问题上，法院并不认为使用此照片中的接吻部分有任何新闻价值，即使其用途明显与原照片的用途不同，也不认为其中有任何变动。而照片是创造性的，由此获得的收入也相当可观。法院驳回了公众利益倡导者联盟对合理使用问题使用简易判决动议的请求，且不考虑对市场因素的损害。

蒙赫、巴尔斯利、希尔和同性恋情侣希望叫停对其肖像的不受欢迎的使用的愿望是很容易被理解的。在各案例中，支持这些版权原告人诉求结果的权益实际上是对隐私和当事人主张的其他权益的保护。在保护隐私权益的问题上，其他情况也会借助版权的途径。在"色情报复"的情况中，女性通常既是色情照片的作者和主角，又是违背意愿在网络上公开照片的受害者，此时女性通常会借助版权处理这种情况。

版权声明是提起诉讼的基础，这种吸引力可以理解，因为这种侵权行为的性质是严格赔偿责任，具有多种补救措施，而且法庭对版权案中援引第一修正案辩护并不欢迎。法院是否应该允许在这种案例中使用版权声明保护个人利益，则是留待日后讨论的问题。

沃伦和布兰代斯会不会赞成这种版权法的新方向呢？乍看上去，结果似乎是肯定的，但一经反思便值得怀疑，这些敏锐的作者认为，只有作品未出版时，版权才能在隐私利益保护上具有显著效用，对隐私的损害在本质上和主要涉及版权的市场损害完全不同。

23

PRIVACY IN THE MODERN AGE
恐惧和便利

布鲁斯·施奈尔 [①]

我们周围充斥着对隐私权的侵犯。各国政府、企业、犯罪分子以及我们所有人都在追踪彼此的数据。我们越来越生活在他人的注视之下，即使我们并没有意识到这一点，监控我们的人也经常比我们强大得多。隐私没有灭亡，但肯定处于不健康的状态下。捍卫隐私的斗争经常是徒劳无果的。

这是因为我们选错了战场。我们只重视技术讨论，却忽略了心理因素。虽然隐私绝对是技术问题，但它更是人的问题。隐私最大的挑战是恐惧和便利。虽然这些看似无关，但它们相互联系，相互加强。它们导致我们一次又一次放弃隐私。在我们控制自己的需求之前，我们都不会享受太多的隐私。恐惧是我们接受来自政府的隐私侵犯的原因。这也是为什么美国前任总统布什能够授权国家安全局对美国人和非美国人进行严密监控，国会能够对这些程序进行事后批准，国家安全局能够以尽可能咄咄逼人的方式解释其授权；

---

① 布鲁斯·施奈尔是国际著名的安全技术科学家，被《经济学人》称为"安全专家"。

这就是为什么许多美国人都对美国国家安全局的窃听听之任之，以及为什么奥巴马总统要继续进行这些监控项目；这就是为什么如果国会被迫要求国家安全局接受更多监督，将有可能最终给美国国家安全局赋予更具侵入性的权利——如果出了差错，它们不想被指责。

恐惧还来自其他方面。毒品交易、洗钱、绑架和儿童色情等传统恐惧被联邦调查局用来替有史以来最具侵入性的监控辩护，以及为什么我们中的许多人愿意接受在政府面前隐私越来越少的事实。对那些害怕的人而言，隐私是可有可无的奢侈品。

便利是我们允许公司侵犯我们个人隐私的原因。我们将自己的数据拱手交给企业，因为这样做带来的结果是能提高我们的生活质量。我们喜欢日常使用的所有网络应用程序。我们喜欢在网络相册 Flickr 中存储照片，在谷歌上保存电子邮件，在亚马逊上保存电子书和电影。信用卡比现金更方便。计算机化的医疗记录比使用纸质文件更方便。Nest 恒温器比上一代不联网的产品更方便，而且还可能更省钱。互联网搜索已经完全改变了人们寻找信息的方式。

所有这些便利带来的监控程度在几十年前是令人难以置信的。我们全天24 小时都在向手机公司发送我们的具体位置，因为我们想要接收电话和短信。每当我们添加新朋友的时候，社交网站都会收到通知，因为我们想和这些朋友保持联系。我们允许谷歌公司监控我们阅读的所有内容，因为在互联网上阅读更方便。我们允许其他公司复制我们的通信内容，因为我们发现在系统备份比手动备份更便捷：如电子邮件、即时通信和私人邮件等。

监控是互联网的商业模式。公司建立监控我们的系统，我们以被监控为交换使用公司服务。这就是为什么很多事情都是"免费"的；公司使用和出售信息的目的都是为了达到心理操纵——广告。

这两种力量相互交织。公共和私人领域正在进行合作监控。政府和企业在很大程度上有着相同目标，因此它们互相帮助。大多数的政府监控都会借用现有的企业能力。企业则依赖于政府来保持他们的监控合法且大部分不受监管——以及个人监控数据的买卖。它们互相借用法律来保护自己的数据收集，并设法躲避限制他们行动的规则。政府和企业在公民数据的问题上纠缠不清，以至于根本没有真正的权力支持实质意义的隐私。

我们正生活在监控的黄金时代。目前的技术水平不仅使无处不在的监控成为可能，而且已经达到了成本低廉且易于实现的程度。随着物联网开始收集我们的线下活动，谷歌眼镜等生活记录器开始记录我们看到的所有事物和所有言论，转瞬即逝的对话将变得越来越少，并将最终全部消失。这些信息都将被保存、分析、购买和出售，并同时被政府和公司用来对我们进行判断、分类和操纵。这一切都是由于我们对恐怖分子的恐惧和我们对基于数据的便利服务的偏爱。

其实大可不必如此。安全和便利都不需要我们放弃隐私。允许政府使用我们的数据来调查犯罪和阴谋可以使我们享受安全，但我们可以确保它们符合法律要求之后才能访问我们的数据。允许公司访问个人数据可以使我们获得便利，但我们可以控制这些公司存储我们的数据及其他用途的方式。总之，我们需要认识到的是，恐惧和便利不需要导致全权委托数据访问和其他需要平衡的人类价值。

恐惧通常发生在大脑更原始的部分，因此恐惧胜过隐私。便利是真实的、直接的，而缺乏隐私造成的危害则更加抽象和长期，因此便利胜过隐私。问题在于，如果没有经过合理的辩论，技术的轨道所带来的监视程度将以我们刚刚能够想象得到的方式改变社会。现在，我们需要考虑这些问题并决定我们要生活在什么样的社会，而不是不假思索地让这些变化发生。

PRIVACY IN THE
MODERN AGE
大数据世界的隐私展望

克里斯托弗·沃尔夫 [①]

大数据也许是当今我们面临的最大公共政策挑战之一。围绕大数据的辩论要求政策制定者在公众利益之间进行权衡，如国家安全、公众健康和安全、商业创新、可能造成个人隐私风险的个人利益、高科技性能分析和辨识下的自主权、越来越自主化的决策、数据分析中的误差和不透明，以及传统法律保护的不足。

《公平信息处理条例》的作用

今天，为了保护大数据时代的隐私，我们在如何对《公平信息处理条例》

[①] 克里斯托弗·沃尔夫是霍金路伟国际律师事务所美国办事处的隐私与信息管理实践部门总监，未来隐私论坛智库创始人和联合主席。

进行适当调整的问题上存在相当大的争议。有人认为，由于大数据和其他新兴技术的存在，通知、选择和用途限制等基本的隐私实践既不实际，也毫不相关。① 而隐私倡导者和监管机构在认识到当前通知—选择框架存在局限的同时，还担心大数据可能会为损害个人权利提供理由，以方便侵入式地营销或无处不在的监控。通知和选择仍然有发挥作用的空间，正如还需要对公平信息处理条例进行实际应用，因此，当代的个人数据收集和使用技术依然存在。

通知通常被认为是最"基本"的隐私保护原则。同时，基于通知和选择的隐私框架存在的巨大局限性已经成为共识。关于隐私政策的内容通常复杂、篇幅冗长，绝大多数消费者并不会阅读。在大数据时代，通过提供详细的隐私政策对通知和选择原则的传统实现，可能会导致更多规定被直接忽略。

在连接设备或其他不具备交互式屏幕或其他易于访问的用户界面的"智能"技术中，通知和选择原则也存在一些具体问题。在"公共"空间收集并用于数据分析的信息也可能存在问题。即使技术解决方案可能会辅助通知和选择原则的实施，但将大数据和其他新兴技术时代的数据收集和使用完全以传统的通知和选择原则的实施为前提，也是不切实际的。

大数据时代的隐私政策

隐私政策仍有其存在的价值。它们仍然是问责和执法机制：除了法律可能具有的规定之外，它们还设定了商业使用数据的界限，根据消费者保护法规确定了可实施的法律责任。它们对信息披露的要求可以迫使公司对它们的

---

① "物联网"即不断增长的智能连接设备网络，通常认为物联网依赖于数据捕获、共享和使用，包括个人身份数据和任何时间的行为。每次进行数据收集时都提供通知和选择实际上是不切实际的。

隐私实践进行评估，并在其对消费者信息的处理中强调纪律。

　　大多数隐私机制都支持用途限制原则，此原则的实施方式通常是规定个人信息只能用于信息收集时指定的用途。当个人第一次收到通知时，大部分对信息的二次创新使用都是无法预料的——包括医学突破、数据安全、能源使用——并且在新利益通过数据分析被发现之前已使用了很久。公司无法提供目的尚不明确的通知，消费者也无法对其数据的未知用途提供知会同意。

　　然而，我们可以根据信息搜集的语境限制个人信息的使用方式，并以此代替上述原则的实施。通常情况下，对语境的理解意味着个人信息应该只能以个人根据信息批量和收集的语境所预期的方式使用。然而，有一些数据使用超越了个人预期，但具有较高的社会价值，且将对隐私的影响降到了最低，应该鼓励这种数据使用。语境的定义和框架还需要改进。

数据最小化

　　数据最小化是另一种传统隐私实践，[①]但其重要性通常被通知和选择原则所掩盖。数据最小化可以通过限制个人数据的流通数量来达到促进隐私保护的目标。[②]目前尚不清楚最大限度地减少信息收集在大数据时代是否是一种保护隐私的实用方法。顾名思义，"大"数据需要使用大量数据来发现以前被忽视的模式和趋势。根据白宫的报告，"对于一些熟悉的、对社会有益的互联网

① 数据最小化涉及将机构对个人数据的收集限制为达到特定合法目标的最低必要程度。这一原则将进一步指导机构删除不再用于最初收集数据用途的数据，并补充了以可识别方式保留个人数据的相关限制政策。

② 随着待处理和分析数据的减少，很多人认为公司以新型数据入侵方式使用数据的能力会削弱，而消费者的信息可以免受未授权访问。

服务和应用来说，广泛收集数据可能是必不可少的。"如果各组织被要求限制数据收集的数量，那么这些用途及其他许多待开发的用途可能会受到阻碍。

问责机制

合理的存储政策及数据存储限制依然可以发挥作用。然而，内部控制和内部评审委员会等额外问责措施能够缓解人们对数据收集和使用的担忧。此外，当机构使用已被恰当识别的数据集时，与该数据使用相关的隐私风险会有所降低，这证明了数据识别的深入研究在大数据背景下能够如何发挥有益的作用。因此，应将去识别化手段和其他已实施的隐私保护措施纳入到对数据最小化更复杂的分析中。

界定个人可识别信息

在隐私权法律框架下明确信息范围，已经成为了一个日益重要的政策问题。个人可识别信息（Personally Identifiable Information，PII）是信息隐私管理的核心概念，但并不存在统一定义。同样，目前并不存在对个人可识别信息进行适当去识别化的标准。①

这一点很重要，因为划定个人可识别信息的界限能够化解传统的《公平

---

① 引自保罗·奥姆（Paul Ohm）的文章《*Broken Promises of Privacy*：*Responding to the Surprising Failure of Anonymization*》。他认为"科学家已经证明他们可以经常对匿名数据中隐藏的个人信息进行再识别和重新匿名处理，其容易程度令人吃惊"。而丹尼尔·巴斯 - 琼斯（Daniel Barth-Jones）在其文章《*Re-Identification Risks and Myths, Superusers and Super Stories*》中引用了奥姆的建议，认为公共政策不应该"将臭名昭著的黑客的少量坊间成果与典型用户的行为混为一谈，这是不恰当的"。

信息处理条例》所面临的担忧。2012 年 3 月，美国联邦贸易委员会发布了
《在快速变化时代保护消费者隐私》（*Protecting Consumer Privacy in an Era of
Rapid Change*）的报告，并在报告中指出，已被有效去识别化的数据不会显著
增加隐私担忧。法律在个人可识别信息的界定上标准往往不一致，这种基于
"标记信息是否是个人可识别信息的完全对立"的方式，在大数据时代的混乱
状态下并不合理。

去识别化应被理解为一个过程，并兼顾保护隐私的法律和行政保护与技
术措施。不幸的是，当前很多对去识别化的讨论都关注于对去识别化信息进
行再识别的技术可行性和所有数据都能实现公开获取的假设。然而，计算机
科学家们已经多次表明，公开发布或进行简易去识别化的匿名数据可以被重
新识别，机构和政策制定者必须认识到，与公开发布的信息相比，不公开的
数据更能减少隐私风险。

有效去识别化应该考虑与数据相关的法律和行政管控，还需要加强对发
展再识别技术措施的管理工作。

语境

尊重语境的原则依赖于个人对其与机构关系的期待。在消费者的预期中，
公司在执行订单时会与其他公司共享客户的个人信息，同时会利用其个人信
息从事第一方营销。个人信息的这些用途或其他个人合理期待的用途并不存
在对隐私的侵犯。

而创新性数据实践却很难做到对语境的尊重。仅仅关注个体期待，不仅
阻碍了个人可能享受的一些好处，也可能忽略了企业—消费者的关系演变。

尊重语境就必须承认在数据收集的过程中，机构和个人之间的关系可能以不可预见的方式发生变化，而"这种对个人数据的适应性使用可能是令消费者受益的创新来源"。

尊重语境需要对动态社会和文化规范进行鉴别，这为机构和政策制定者带来了挑战。语境不仅包括客观成分，还包括一些主观变量，包括个人的信赖程度及其对个人信息使用的认知价值。让消费者对大数据保持知情，这一面向公众的努力对为个人提供更多数据实践的语境来说至关重要。公司可以通过为新产品或新型数据使用"奠定基调"来构建与消费者的关系。即使对数据的创新使用在语境上与现有用途相似，信息和对消费者的教育也是必不可少的。

透明度

为了完善以尊重语境为重点的原则，机构必须对它们如何使用数据更加透明。很多关于大数据应用的担忧都主要集中在不良数据的使用上，提高透明度可能有助于人们降低对私人信息被用于对其不利的用途的恐惧。透明度是一种可以帮助阐明大数据的工具。例如，机构应该在尽可能不影响它们的商业机密或知识产权的情况下，披露相关决策过程的潜在标准。虽然在这种披露的要求上存在实际困难，但依然可以区分敏感、专有算法和高层次的决策标准。

大数据管理

大数据可能要求关注点向可问责机制转移，以确保组织以负责任的方式对个人信息进行管理。多位隐私学者已经指出，当前的隐私框架仅强调依从性，而强调机构的可问责性可能对促进更好的大数据管理而言更加必要。在大数据时代，虽然存在许多促进可问责性的策略，但在隐私考虑和数据使用之间达到实际平衡，对机构更具重要意义。

正规的审查机制有助于审查并批准创新的数据项目。还有人号召大数据"算法专家"的出现，以评估数据源和分析工具的选择，并对任何可预测的结果作出解释。随着机构越来越多地面对有意思的新型数据使用建议，这些专业人士可以在公共和私营部门交叉进行数据使用的成本—效益分析。

行业越来越面临这一伦理问题，即如何在最大限度地提高各方利益的同时使数据风险降至最低。正式审查程序可以成为一种将道德因素与数据分析相结合的有效工具。十年来，人体实验领域的伦理决策一直存在争议，成立机构审查委员会（Institutional Review Boards，IRBs）是管理部门的主要对策；在数据滥用问题上，大数据内部审查委员会同样可以成为一种积极的响应方式。在许多方面，这些审查委员会将进一步扩展其隐私专业人员的业内角色。而成立内部审查委员会将提出一系列独特的挑战，鼓励企业创建复杂的结构和人员部门来应对这些问题并提供无价的监督。

任何成功的大数据方法都必须受成本—效益分析的指导，成本—效益分析需要考虑大数据效益的具体分布。目前，我们的程序框架主要集中在传统的隐私风险和评估能够采取哪些风险缓和措施。例如，2010 年美国商务部网络政策专责小组支持使用隐私影响评估（Privacy Impact Assessments，PIAs），这种方法既可以帮助机构决定创新数据的使用是否恰当，又可以找出降低相关隐私风险的替代方法。然而，人类研究机构审查委员会（IRBs）也考虑了预期效益乃至研究可能产生的任何知识的重要性。

结论

白宫关于大数据的报告，对隐私和技术人员在技术发展的世界解决隐私问题时所面临的挑战进行了恰当的总结：

隐私是一种重要的人类价值。技术进步既威胁了个人隐私，也提供了加强隐私保护的机会。美国政府及其他团体在美国和全球范围内面临的挑战在于如何理解现代世界隐私的本质，并找出需要维持和保护的科技、教育和政策路径。

关注此领域的有识之士将研究所需的解决方案，并更加关注如何在现代社会保护隐私，其前景大有可为。

《马德里隐私声明》——"全球隐私标准"

　　《马德里隐私声明》于 2009 年在马德里召开的数据保护和隐私权委员会国际会议上被起草。该声明得到了数百名隐私专家和非政府组织的赞同。《马德里隐私声明》重申了国际隐私保护文书，辨识了新的挑战，并呼吁采取具体行动，这是目前当代社会对隐私权最持久的论述。

　　声明指出，隐私是一项基本人权，在《世界人权宣言》、《公民权利和政治权利国际公约》以及其他人权文书和国家宪法中均被确认；

　　声明提醒欧盟成员国履行其执行 1995 年《数据保护指导意见》和 2002 年《电子通信指令》（*Electronic Communications Directive*）条款的义务；

　　声明提醒其他经合组织成员国履行其执行 1980 年《世界经济合作与发展组织隐私指导原则》的义务；

　　声明提醒所有国家履行在本国宪法和法律以及国际人权法的框架下保护本国公民和境内居民的公民权利的义务；

　　声明期待隐私和数据保护的宪法权利的强化条款在欧盟早日生效；

声明提醒全球各国注意，秘密和不受问责的监控正在大幅上升，政府和监控技术供应商正在增加合作，以确立新的社会控制形式；

声明进一步指出，对版权和非法内容实施调查的新策略对通信隐私、知识自由和正当的法律程序构成了实质性的威胁；

声明进一步指出，以互联网为基础的服务日益巩固，事实上，一些公司正在没有接受独立监督的情况下获取大量个人数据；

声明警告说，隐私法和隐私机构都未能充分考虑新的监控行为，包括行为锁定、DNA 和其他生物标识数据库、公共和私营部门之间的数据融合，以及儿童、移民和少数民族等脆弱群体面临的特殊风险；

声明警告说，未能维护隐私对相关自由造成了危害，包括言论自由、集会自由、信息获取自由、非歧视性自由，并最终威胁到了宪政民主的稳定性；

在隐私和数据保护专员国际会议第三十一届年度会议上，民间社会做出了以下表态：

（1）重申对《公平信息处理条例》全球框架的支持，数据的收集和处理方应承担责任，数据被收集方应享有权利；

（2）重申对独立数据保护机构的支持，机构在法律框架下进行透明决策，不受商业利益或政治影响；

（3）重申对真正的隐私增强技术的支持，技术应减少或取消个人身份信息的采集，重申对有意义的隐私影响评估的支持，评估要求符合隐私标准；

（4）敦促尚未批准欧盟议会第 108 号条约和 2001 年草案的国家加快进程；

（5）敦促尚未建立隐私保护全面框架及独立数据保护机构的国家加快进程；

（6）敦促已建立隐私保护法律框架的国家确保其有效实施和执行，并在国际和区域一级开展合作；

（7）敦促各国确保个人的信息被不恰当公开或用于与其收集目的不符的途径时，个人应及时知悉；

（8）建议进行全面研究，调查数据的去识别化技术是否能够对隐私和匿名进行实际保护；

（9）呼吁暂停开发或实施新的批量监控系统，包括面部识别、全身成像、生物识别、嵌入式射频识别标签等，并由独立监察机构和民主辩论对其进行全面透明的评估；

（10）呼吁建立隐私权保护的新型国际框架，加强以法治、尊重基本人权和支持民主制度为基础的公民社会的全面参与。

史蒂文·阿福特古德

史蒂文·阿福特古德是美国科学家联盟（FAS）的高级研究分析师。他是美国政府 FAS 机密项目的负责人，该项目的任务目标是缩小政府的保密范围，促进公众对政府信息的获取。他的博客"秘密新闻"对保密政策的发展现状进行了跟踪报道，并直接为公众提供其他途径难以找到的有价值的政府档案。1997 年，阿福特古德先生将美国中央情报局告上法庭，根据《信息自由安全法案》迫使美国中央情报局五十年来首次解密并公开了全部情报工作预算（1997 年为 266 亿美元）。2006 年，他将国家侦查办公室告上法庭，根据《信息自由安全法案》要求其公开不保密的预算档案，并最终胜诉。阿福特古德先生接受过电气工程师的专业培训。

罗斯·安德森

罗斯·安德森是剑桥大学计算机实验室的安全工程教授、英国皇家学会院士、英国皇家工程院院士、英国工程及科技学会会员、英国数学及数学应用学会会员、英国物理学会会员。他还担任信息政策研究基金会的主席，以及在其协助下于 1998 年成立的英国顶级互联网政策智囊团主席。

克莉丝汀·L. 伯格曼

克莉丝汀·L. 伯格曼是美国加州大学洛杉矶分校信息研究学院院长、教授，在信息科学、计算机科学和通信领域发表了 200 多篇文章。她分别于 2000 年和 2007 年在麻省理工学院出版社出版的专著《从古腾堡^①到全球信息基础设施：网络世界的信息获取》(*From Gutenberg to the Global Information Infrastructure: Access to Information in a Networked World*) 和《数字时代的学术研究：信息、基础设施和互联网》(*Scholarship in the Digital Age: Information, Infrastructure and the Internet*) 均获得了《美国社会信息科学和技术》(*American Society for Information Science and Technology*) 期刊颁发的最佳信息科学图书奖。2015 年 1 月，麻省理工学院出版社出版了她的著作《大数据、小数据、无数据：网络世界的学术研究》(*Big Data, Little Data, No Data: Scholarship in the Networked World*)。她还是美国科学促进协会会员、美国计算机协会会员。她是电子隐私信息中心董事会成员，曾供职于美国国家科学院数据与信息研究委员会和国际科技数据委员会（CODATA）美国国家委员会。

雷恩·卡罗

雷恩·卡罗是华盛顿大学法学院副教授，兼任互联网与社会斯坦福中心的研究人员。卡罗教授从事研究法学和新兴技术的交叉领域，侧重于机器人

---

① 古腾堡为德国活版印刷发明人。——译者注

和互联网研究领域。他在无人飞机、无人驾驶汽车、隐私及其他话题上的研究工作在法学评论和各大新闻媒体均有报道，如《纽约时报》、《华尔街日报》和美国公共广播电台（NPR）等。卡罗教授也曾在美国参议院司法委员会全会上作证。

达尼埃尔·席特伦

达尼埃尔·席特伦是 Lois K. Macht 研究员、马里兰大学法学院法学教授。她的著作《网络空间的仇恨犯罪》（*Hate Crimes in Cyberspace*）于 2014 年 9 月由哈佛大学出版社出版。

西蒙·戴维斯

西蒙·戴维斯于 1990 年创办了国际隐私组织，并在 2012 年之前担任总干事，之后他还参加了其他项目。在其 25 年的隐私工作生涯中，他领导了世界各地的相关活动和研究项目。他曾任伦敦政治经济学院高级研究员，同时也是英国电脑学会会员（英国计算机学会会员）。他还曾担任过伦敦政治经济学院的政策参与网络副主任。1999 年 4 月，戴维斯因其对网络自由的贡献获得了电子前沿基金会的先驱奖，并在 2007 年当选为英国计算机学会研究员。silicon.com 分别于 2004 年和 2005 年将其评为"全球技术政策最有影响力的50 人"之一。如今，他一直在撰写"隐私医生"博客。

A·迈克尔.福鲁克

A·迈克尔.福鲁克受聘于佛罗里达州科勒尔盖布尔斯市的迈阿密大学，

是 Laurie Silvers & Mitchell Rubenstein 特聘法学教授，研究方向为网络法和行政法。他是网络法律评论《我们喜欢的事物》[*Jotwell: The Journal of Things We Like* (Lots)] 的创始人和编辑，并发起和组织了研究机器人法律和政策的年度机器人会议（We Robot conference）。福鲁克教授是《信息、通信和信息社会：信息社会的法律和政策》期刊（ *Information、Communication and Society and of I/S : A Journal of Law and Policy for the Information Society* ）的编委会成员，同时也是电子前线基金会、电子隐私信息中心等多个组织的顾问委员会成员。福鲁克教授是伦敦皇家国际事务研究所研究员、民主与科技中心兼职研究员、耶鲁大学法学院信息社会项目兼职研究员。在任教之前，福鲁克教授是威尔默·柯特勒·皮克林（Wilmer, Cutler & Pickering）法律事务所伦敦办事处国际仲裁法律师。另外，他还曾担任哥伦比亚地区美国上诉法院法官史蒂芬·F. 威廉姆斯（Stephen F.Willians）的书记员和伊利诺伊北部地区美国地区法院首席法官约翰·F. 格雷迪（John F.Grady）的书记员。福鲁克教授获得了耶鲁大学法学院的法学博士学位，曾担任《耶鲁大学法律期刊》(*the Yale Law*) 和《国际法耶鲁期刊》(*the Yale Law Journal*) 的组稿编辑，他获得了英国剑桥大学国际关系史专业硕士学位，曾获得梅隆奖学金，本科以最优成绩毕业于耶鲁大学经济学和历史专业，并因杰出的在校表现荣获优等毕业生。

茱莉亚·霍维兹

茱莉亚·霍维兹是电子隐私信息中心的消费者保护顾问和开放政府协调员。她的工作主要集中于消费者隐私保护和美国联邦贸易委员会保护消费者数据的职责。霍维兹女士还担任乔治城大学法律中心法学助教，并开设联邦开放政府法律诉讼课程。她在《印第安纳法学评论》(*Indiana Law Review*) 上与他人共同发表了一篇关于开放政府临床实验教学法的文章。在加入电子隐私信息中心之前，曾担任知识产权法律协会媒体和科技事务副主席。霍维兹女士毕业于芝加哥大学法学院。本科以二等优异的成绩毕业于布朗大学美国文学专业，并获得优等毕业生荣誉称号。

黛博拉·赫尔利

黛博拉·赫尔利于1996年成立了咨询公司，并担任总经理，该公司为政府、国家组织、非政府组织和致力于推动科学和技术政策的基金提供咨询服务。赫尔利女士是哈佛大学定量社会科学研究所的研究员。在总部位于法国巴黎的经合组织，她指出了与信息和通信技术、生物技术、环境和能源技术、纳米技术、技术政策及其他先进技术领域相关的新兴法律、经济、社会和技术问题。她负责经合组织信息系统安全准则的起草、协商和采用。她还执导了哈佛大学信息基础设施项目。赫尔利女士曾任电子隐私信息中心的董事会主席，并曾在美国国务院、美国科学进步协会和国家科学研究委员会等多个政府和非政府管理层任职。她对韩国的知识产权保护和科技转移开展了一项富布莱特学术研究。她著有《北极星：信息社会中的人权》(*Pole Star：Human Rights in the Information Society*) 及其他著作，并撰写了《全球化世界的治理》(*Governance in a Globalizing World*) 一书中的"信息政策和治理"章节。赫尔利女士曾获得国际信息处理联合会颁发的德国优秀博士论文奖，以表彰其在信息技术的社会影响意识上的突出贡献和国际影响力。

克里斯蒂娜·伊里翁

克里斯蒂娜·伊里翁是中欧大学（CEU）公共政策系副教授、媒体与传播研究中心公共政策研究室主任。她是一名资深律师，在德国哈雷—威腾伯格的马丁路德大学获得博士学位，在英国格拉斯哥的思克莱德大学获得信息技术和电信法律专业硕士学位。在 2007 年加入中欧大学之前，她曾任数据保护和信息自由柏林办公室的兼职顾问和一家德国手机网络运营商的高级管理顾问。伊里翁女士曾在布鲁塞尔的欧盟委员会实习，曾任位于华盛顿的电子隐私信息中心客座研究员。

杰夫·乔纳斯

杰夫·乔纳斯是 IBM 公司的一位研究员、语境计算首席科学家。1985 年乔纳斯成立了系统研发（SRD）中心，以从事语境—感知计算的研究工作，2005 年 1 月，该中心被 IBM 公司收购。在 SRD 被收购之前，乔纳斯曾领导了多个创新系统的设计和开发，包括拉斯维加斯博彩业使用的技术。这一创新在保护博彩业免受侵略性的记牌团队的打击中发挥了举足轻重的作用。最值得注意的是在《赌垮赌场》（*Bringing Down the House*）一书及由其改编的电影《决胜 21 点》（21）中发挥重要作用的"麻省理工战队"。他的工作也被拍摄成纪录片，分别在发现频道、学习频道和旅游频道等频道播出。目前，乔纳斯正在研究一种名为"G2"的新一代语境计算代码。

哈里·刘易斯

哈里·刘易斯是哈佛大学戈登·麦凯计算机科学教授，自 1974 年起执教，并担任伯克曼互联网与社会中心研究员。他的著作包括《数字迷城：信息爆炸改变你的生活》（*Blown to Bits：Your Life，Liberty，and Happiness After the Digital Explosion*）和《失去灵魂的卓越：哈佛是如何忘记教育宗旨的》（*Excellence Without a Soul：Does Liberal Education Have a Future*）。刘易斯在

1995 年到 2003 年期间担任哈佛大学哈佛学院院长。他以最优等的成绩获得了应用数学学士学位，并获得了哈佛大学应用数学博士学位。

安娜·雷相斯卡娅

安娜·雷相斯卡娅是布朗大学计算机科学教授。1997 年，她毕业于史密斯大学，获应用数学计算机科学和数学方向学士学位，2002 年，获麻省理工学院计算机科学与电气工程博士学位。她曾获得美国国家科学基金会杰出青年教授奖和斯隆基金会奖学金，并被《科技评论》（*Technology Review*）杂志评为 2007 年 "35 位 35 岁以下杰出创新者" 之一。2012 年，她当选为国际密码学研究协会负责人之一。雷相斯卡娅的研究兴趣包括密码学、计算机科学理论和计算机安全。她的研究主题是隐私与问责的平衡，允许用户在不透露任何与自己有关的附加信息的情况下证明自己获得授权。她在这一领域的工作被纳为了可信计算机组织的工业标准，IBM 公司苏黎世分公司的身份混合项目也以此为理论基础，并为《网络空间可信身份国家战略》（NSTIC）提供了资料。

加里·T. 马克思

加里·T. 马克思是麻省理工学院的荣誉教授，还曾执教于哈佛大学、加州大学伯克利分校、科罗拉多大学及其他位于亚洲和欧洲的大学。他曾从事种族与民族、集体行为与社会运动、法律与社会和监视方面的研究工作。他著有多本著作，其中与麦克亚当（McAdam）合著了《抗议、偏见和卧底：美国的警察监视、集体行为与社会运动》（*Protest and Prejudice, Undercover: Police Surveillance in America, Collective Behavior and Social Movements*）一书，还出版了《卧底：比较视野中的警察监视》（*Undercover: Police*

Surveillance in Comparative Perspective），以及最近出版的《灵魂的窗户：高科技时代的监督与社会》等。他出版和再版了 300 多部书籍、专著和期刊，并被译为多国语言。他为同事的著作撰写了十二份前言，与学生共同出版了 14 本合著著作。他曾担任哈佛—麻省理工联合城市研究中心和哈佛大学法学院刑事司法中心的助理研究员、斯坦福行为科学高级研究中心研究员（1987—1988 年，1996—1997 年），以及伍德罗·威尔逊国际学者中心成员（1997—1998 年）。他曾获得古根海姆奖学金，以及国家司法研究所、国家科学基金会和第 20 世纪基金等组织的奖励。他长期担任国家委员会、参议院和众议院委员会、审计总局办公室、技术评估办公室、司法部、国家科学院、公共利益集团、基金会和智囊团的顾问或专业委员会成员。

阿丽西亚·M.麦克唐纳

阿丽西亚·M.麦克唐纳是斯坦福大学互联网和社会中心的隐私研究负责人。她的研究重点包括互联网隐私公共政策问题、在"禁止跟踪"机制中加入用户预期、行为经济学、隐私的心理模式和行业自动调节的有效性等。她是万维网联盟追踪保护工作组的联合主席，至今仍保持活跃，该工作组长期致力于建立"禁止跟踪"机制的国际标准，允许用户提出加强在线隐私的要求。这一工作汇聚了 100 多位国际利益相关人员，涵盖商业界、学术界、公民社会、隐私倡议者和管理人员，并达成了一份基于共识的多方公开协议，此协议为网站回应用户对隐私的要求确立了最低底线。麦克唐纳的学术研究重点受其在软件创业公司数十年的从业经历影响，她曾任 Mozilla 浏览器的高级隐私研究员（兼职，2011—2012 年）和美国国会情报处的驻地研究员（兼职，2011—2012 年）。她获得了卡内基梅隆大学的工程与公共政策博士学位，在校期间，她曾是网络可用隐私与安全研究实验室成员，研究方向为在线隐私。她的发现被多家新闻媒体报道，如《华盛顿邮报》、美国科技媒体网和自由出版社旗下的媒体分钟栏目。她的发现已被用于提交给加利福尼亚州众议会的证词，她还参与了美国参议院和美国联邦贸易委员会的证词编写。

帕布罗·G.莫丽娜博士

帕布罗·G.莫丽娜博士是南康涅狄格州立大学和美国法学院校协会的首席信息运营官。他也是乔治城大学的客座教授，他教授的研究生课程包括"伦理和技术管理""信息安全管理"和"网络治理"。另外，他还是国际应用伦理学和技术协会的执行主任。莫丽娜博士在乔治城大学获得博士学位，其专业方向为高等教育技术应用。他是一位通过认证的信息系统安全专家和信息隐私专家。他是电子隐私信息中心和西班牙技术委员会的董事会成员。他经常在技术、教育和政策方面的会议上发言，如联合国与美国互联网治理论坛、国际数据保护和隐私保护委员会会议和信息安全论坛等。

彼得·G.诺伊曼

彼得·G.诺伊曼（Neumann@CSL.sri.com）拥有哈佛大学和达姆施塔特大学的博士学位。20 世纪 60 年代，他在新泽西州莫雷山的贝尔实验室工作，1971 年 9 月起，他就职于斯坦福研究院计算机科学实验室，现为首席高级科学家。目前，他负责美国国防部高级研究计划局的两个项目：以新型硬件软件彻底清除紧急项目的可信主机和任务导向弹性云项目的彻底清除网络。他还主持了美国计算机协会风险论坛（http：//www.risks.org）。自 1990 年 6 月起，开始负责《美国计算机协会通信》（CACM）内部风险系列文章的编写，并担任美国计算机协会计算机和公共政策委员会主席。另外，他还曾任电子隐私信息中心选举公正国家委员会主席。他是美国计算机协会、电子电气工程师协会、美国科学发展协会和斯坦福研究员成员。诺伊曼博士曾于 2002 年获得国家计算机系统安全奖，于 2005 年获得美国计算机协会安全、审计和控制特别兴趣组杰出贡献奖，2013 年获得计算机研究协会优秀贡献奖。2012 年，他首批入选新成立的国家网络安全名人堂。

海伦·尼森鲍姆

海伦·尼森鲍姆是纽约大学计算机科学和媒体、文化和传播学教授，兼任信息法研究所主任。她的工作涵盖信息科技和数字媒体的社会、伦理和政治维度。她撰写并编辑了 7 本著作，包括与玛丽·弗拉纳根（Mary Flanagan）合著的《数字游戏中的价值观》（*Values at Play in Digital Games*）和《语境隐私：科技、政策和社会生活的整体性》（*Privacy in Context：Technology，Policy and the Integrity of Social Life*），她在哲学、政治、法律、媒体研究、信息研究、计算机科学等多种期刊上发表了学术论文。她从事的研究工作包括隐私、网络信赖、安全和计算机系统设计、搜索引擎、数字游戏、面部识别技术、健康信息系统等方面的价值研究，这些工作得到了美国国家科学基金会、美国空军科学研究局、福特基金会、美国国土安全部和美国卫生与公共服务部全国协调员办公室的支持。尼森鲍姆获得了斯坦福大学哲学博士学位和南非金山大学文学学士学位。在纽约大学任教之前，她曾担任普林斯顿大学人类价值中心副主任。

弗兰克·帕斯夸莱

弗兰克·帕斯夸莱自 2004 年起在霍尔大学教授信息和健康法。他发表过

20 多篇学术论文，目前正在撰写《黑盒社会：搜索、信誉和金融技术》(*The Black Box Society: Technologies of Search, Reputation and Finance*) 一书。帕斯夸莱的研究议题主要集中在信息技术的快速发展给信息法带来的挑战，尤其是医疗保健、互联网和金融行业。帕斯夸莱是普林斯顿大学信息科技中心的客座研究员、耶鲁大学法学院和卡多佐法学院的客座教授。他曾是牛津大学马歇尔学者。他曾与谷歌、微软和雅虎等公司的总顾问共同在美国众议院司法委员会作证。他也曾在美国健康与公共服务部、美国联邦贸易委员会圆桌会议和美国国家科学院的事务委员会议上发表陈述。帕斯夸莱是哈佛大学—乔治城大学市场民主工作组成员和耶鲁大学法学院信息社会项目的研究员。他已被指定为电子隐私信息中心顾问委员会成员。他是美国法学院协会健康法分会的执行委员会委员，以及美国法学院协会隐私和诽谤分会主席。

黛博拉·皮尔博士

黛博拉·皮尔博士于 2004 年成立了患者隐私权组织（PPR），该组织是世界顶级消费者健康隐私倡导组织，已在美国 50 个州中拥有 1.2 万名会员。2007 年，她成立了患者隐私两党联盟，代表 1 500 万希望对个人健康电子系统数据的使用进行控制的美国公民。2007 年至 2008 年，她领导起草了患者隐私权组织信任框架，制定了超过 75 条标准，就技术系统对数据隐私保护的有效性进行了评估。该框架可用于隐私研究和健康信息科技系统的评估认证。2011 年，皮尔博士发起并组织了由乔治敦大学法律中心联合主办的健康隐私未来国际峰会。2012 年，她在《不断变化的医疗保健环境下的信息隐私》(*Information Privacy in the Evolving Healthcare Environment*) 一书中的文章描述了一项五年计划，推动了美国健康信息技术系统中的健康数据由部门控制改为由病人控制。皮尔博士分别在 2007 年、2008 年、2009 年和 2011 年被《现代医疗保健》(*Modern Healthcare*)杂志提名为美国"医疗保健领域百名最有影响力的人"之一,是第一位也是唯一的一位入选的隐私专家。

斯蒂芬妮·E.佩兰

斯蒂芬妮·E.佩兰曾在加拿大联邦政府工作 30 年,处理信息政策和隐私事务。她是隐私政策部门负责人,负责制定隐私领域立法(《信息保护与电子文件法》)。为了推动网络匿名技术的发展,她于 2000 年辞职加入了隐私软件和服务公司——Zero Knowledge Systems。她目前正在多伦多大学信息系攻读博士学位,主要研究在互联网标准中执行隐私的障碍及其作用。她是互联网名称与数字地址分配机构专家工作组成员,主要任务是改进域名查询服务目录,她的研究调查了隐私为什么成为互联网名称与数字地址分配机构调查所要面对的棘手难题。这项研究检查了网络身份的概念和当前隐私规范的不足之处。

马克·罗滕伯格

马克·罗滕伯格是电子隐私信息中心(电子隐私信息中心)的总裁和创始人。他在乔治城大学法律中心教授隐私法与政务公开法。他经常在国会作证,并针对新兴的隐私问题向联邦和州法院提交非当事人意见陈述。他在多家学术期刊上发表了文章,是多个专家委员会成员。他与别人共同编著了《技术与隐私:新景观》(*Technology and Privacy:the New Landscape*)一书,这是第一本探讨法律和科技交叉的文集。他的著作还包括《信息隐私法》(*Information Privacy Law*)和《隐私与人权:国际隐私法及其发展调查》(*Privacy and Human Rights:An International Survey of Privacy Law and Development*)。他在哈佛大学哈佛学院获得学士学位，在斯坦福大学法学院获得硕士学位，同时还获得了乔治城大学国际法和比较法法学硕士学位。

帕梅拉·萨缪尔森

帕梅拉·萨缪尔森是加利福尼亚大学伯克利分校谢尔曼（Richard M. Sherman）教席杰出教授，兼任伯克利法律和技术中心主任。她就传统法律制度所面临的新信息技术挑战，特别是知识产权法方面，多次以书面和口头的方式表达了其观点。她是美国科学艺术研究院会员、美国计算机协会会员、《美国计算机协会通信》特约编辑、约翰·D 和凯瑟琳·麦克阿瑟基金会前任研究员、阿姆斯特丹大学名誉教授。另外，她还是电子前沿基金会董事会成员和电子隐私信息中心顾问委员会成员。

布鲁斯·施奈尔

布鲁斯·施奈尔是国际知名的安全技术科学家，被《经济学人》称为"安全专家"。他著有 12 本著作，其中包括《说谎者和局外人：满足信任社会的生存需求》，发表了 100 多篇文章和论文。他编纂的时事通信《密码语法》和博客《施奈尔评安全》的阅读量超过了 25 万人。施奈尔是哈佛大学法学院伯克曼互联网与社会研究中心研究员、新美国基金会开放科技中心项目研究员、电子前沿基金会董事会成员以及电子隐私信息中心顾问委员会成员。他还是 Co3 系统股份有限公司首席技术官。

杰拉米·斯科特

杰拉米·斯科特是电子隐私信息中心国家安全顾问和隐私联盟协调员。他的工作集中于与无人机、生物识别、大数据和牌照阅读器有关的隐私问题上。他运营的隐私联盟为消费者、隐私组织和政府决策者搭建了沟通的桥梁。在加入电子隐私信息中心之前，斯科特先生毕业于纽约大学法学院，期间在布伦南中心自由和国家安全项目进行了门诊实习。斯科特先生是纽约大学隐私研究组成员，该研究组每周讨论时事隐私问题和研究，并由海伦·尼森鲍姆教授主持。斯科特先生在斯坦福大学完成了本科和研究生学习，并获得了符号系统科学学士学位和哲学硕士学位。

克里斯托弗·沃尔夫

克里斯托弗·沃尔夫是电子隐私信息中心顾问委员会成员、霍金路伟国际律师事务所（Hogan Lovells International LLP）美国办事处隐私与信息管理实践部门总监，未来隐私论坛智库创始人和联合主席。他是第一个专注于隐私法领域的执业律师，他在隐私领域的第一次实践经历是为一位在服役期间被海军侵犯隐私权的同性恋辩护，这项公益案件随后被电子隐私信息中心援引。他为执法协会编写了第一份隐私法案论著，经常在隐私法问题上发表文章或言论。他是美国法律协会会员，参与编纂了其隐私法律"重述"项目。他被《华盛顿人》（Washingtonian）杂志称为"技术巨人"，被微软全国有线广播电视公司称为"互联网法律先驱"。

本书收录了主要研究人员和机构对隐私领域的研究文章，反映了在以互联网和高科技手段为特征的 21 世纪人们无处安放的隐私困境。

互联网技术的应用，使信息传递变得更为方便、直接。音频、文本、视频、图片等非结构化的数据无所不包。但是移动互联网时代大数据从何处来，将往何处去，将给我们的生活带来什么样的改变，对我们来说究竟是天堂还是地狱？这些问题都值得我们深思且刻不容缓。正如狄更斯所说："这是最好的时代，这是最坏的时代，这是智慧的时代，这是愚蠢的时代。"

本书的翻译工作得以顺利完成，离不开许多朋友的无私支持。其中，郭琳、蒋霁、钟恩玉、苗金平、张露、孙闯、钟恩玉、苗金平、王艳红等通读了全文，并提出了中肯的意见。另外，在本书的出版过程中，还得到了中国人民大学出版社编辑的大力帮助，特此表示衷心的谢意。

本书内容跨度很大，涉及信息科技、法律、政治等多方面的内容，为翻译过程增加了不少难度。尽管译者始终谨慎动笔，仔细求证，但难免还会存在疏漏，恳请广大读者批评指正。

北京阅想时代文化发展有限责任公司为中国人民大学出版社有限公司下属的商业新知事业部，致力于经管类优秀出版物（外版书为主）的策划及出版，主要涉及经济管理、金融、投资理财、心理学、成功励志、生活等出版领域，下设"阅想·商业""阅想·财富""阅想·新知""阅想·心理""阅想·生活"以及"阅想·人文"等多条产品线。致力于为国内商业人士提供涵盖先进、前沿的管理理念和思想的专业类图书和趋势类图书，同时也为满足商业人士的内心诉求，打造一系列提倡心理和生活健康的心理学图书和生活管理类图书。

《好奇心：保持对未知世界永不停息的热情》

- 《纽约时报》《华尔街日报》《赫芬顿邮报》《科学美国人》等众多媒体联合推荐；
- 一部关于成就人类强大适应力的好奇心简史；
- 理清人类第四驱动力——好奇心的发展脉络，激发人类不断探索未知世界的热情。

《未来生机：自然、科技与人类的模拟与共生》

- 从 Google 到 Zoogle，关于自然、科技与人类"三体"博弈的超现实畅想和未来进化史；
- 中国科普作家协会科幻创作社群——未来事务管理局、北京科普作家协会副秘书长陈晓东、北师大教授、科幻作家吴岩倾情推荐。

《基因泰克：生物技术王国的匠心传奇》

- 生物技术产业开山鼻祖与领跑者——基因泰克官方唯一授权传记；
- 精彩再现基因泰克从默默无闻到走上巅峰的跌宕起伏的神奇历程；
- 本书有很多精彩的访谈节选，与故事叙述相辅相成，相得益彰。写作收放自如，既有深入的描写，又有独到的总结，生动地描写了高新技术企业创业时期的困惑与愉悦。

《大数据产业革命：重构 DT 时代的企业数据解决方案》

（"商业与大数据"系列）

- IBM 集团副总裁、大数据业务掌门人亲自执笔的大数据产业鸿篇巨著；
- 倾注了 IT 百年企业 IBM 对数据的精准认识与深刻洞悉；
- 助力企业从 IT 时代向 DT 时代成功升级转型；
- 互联网专家、大数据领域专业人士联袂推荐。

《管理的完美处方：向世界顶级医疗机构学习领导力》

- 《星巴克体验》的作者全新力作，医疗机构、服务行业以及管理界人士必读；
- 世界顶级医疗机构追求零缺陷的领导力和管理智慧，破解医疗企业管理困局，引领医疗管理深度变革，开启以患者为本的医患关系新时代。

《共享经济商业模式：重新定义商业的未来》

- 本书作者是欧洲最大的共享企业 JustPark 的 CEO，他首次从共享经济各个层面的参与者角度、全方位深度解析了人人参与的协同消费，探究了共享经济商业你模式的发展历程及未来走向；
- 共享经济是一种怎样的商业模式？我们为什么要共享？投资者如何看待共享？传统企业如何融入其中分得一杯羹？政府应该如何监管？未来如何共享？共享型企业的创始人现身说法，告诉我们建立共享企业的经验教训有哪些。对于任何有意创建或投资协作消费企业的人来说，本书都给出了重要的建议。

《精简：言简意赅的表达艺术》

- 人们患有注意力缺失症，迫切需要精简的表达和沟通方式，如果你想得到更多，就要说得更少；
- 企业管理者、营销人员、企业家以及所有想要成为一名精益沟通者的个人必读之作；精简就是帮自己和他人节省时间和资源，并将省下来的时间和资源花费在美好的事情上。

《工作的未来：移动办公及创业的另一种可能》

- 全面探讨了职业与劳动力发展的趋势，带领我们重新认识职场并让你做好准备迎接未来；
- 如果你认为过去那种将岗位与符合要求的人才进行匹配的方式是没有效率的，如果你是经理、营销人员、教育者，如果你是需要兼顾家庭与生活的父母，如果你是刚刚进入职场的新人，阅读这本书会让你透彻地看清未来，对不可避免的改变有所准备。

图书在版编目（CIP）数据

无处安放的互联网隐私 /（美）马克·罗滕伯格（Marc Rotenberg），（美）茱莉亚·霍维兹（Julia Horwitz），（美）杰拉米·斯科特（Jeramie Scott）主编；苗淼译 . —北京：中国人民大学出版社，2017.7

书名原文：Privacy in the Modern Age: The Search for Solutions

ISBN 978-7-300-23971-2

Ⅰ . ①无… Ⅱ . ①马… ②茱… ③杰… ④苗… Ⅲ . ①互联网络—个人信息—隐私权—法律保护—研究 Ⅳ . ① D913.04

中国版本图书馆 CIP 数据核字 (2017) 第 016914 号

无处安放的互联网隐私

马克·罗滕伯格
〔美〕茱莉亚·霍维兹 主编
杰拉米·斯科特
苗淼 译
Wuchu Anfang de Hulianwang Yinsi

出版发行	中国人民大学出版社		
社　址	北京中关村大街 31 号	邮政编码	100080
电　话	010-62511242（总编室）		010-62511770（质管部）
	010-82501766（邮购部）		010-62514148（门市部）
	010-62515195（发行公司）		010-62515275（盗版举报）
网　址	http://www.crup.com.cn		
	http://www.ttrnet.com（人大教研网）		
经　销	新华书店		
印　刷	北京中印联印务有限公司		
规　格	170mm×230mm　16 开本	版　次	2017 年 7 月第 1 版
印　张	13.25　插页 1	印　次	2017 年 7 月第 1 次印刷
字　数	162 000	定　价	55.00 元